我愛TWICE

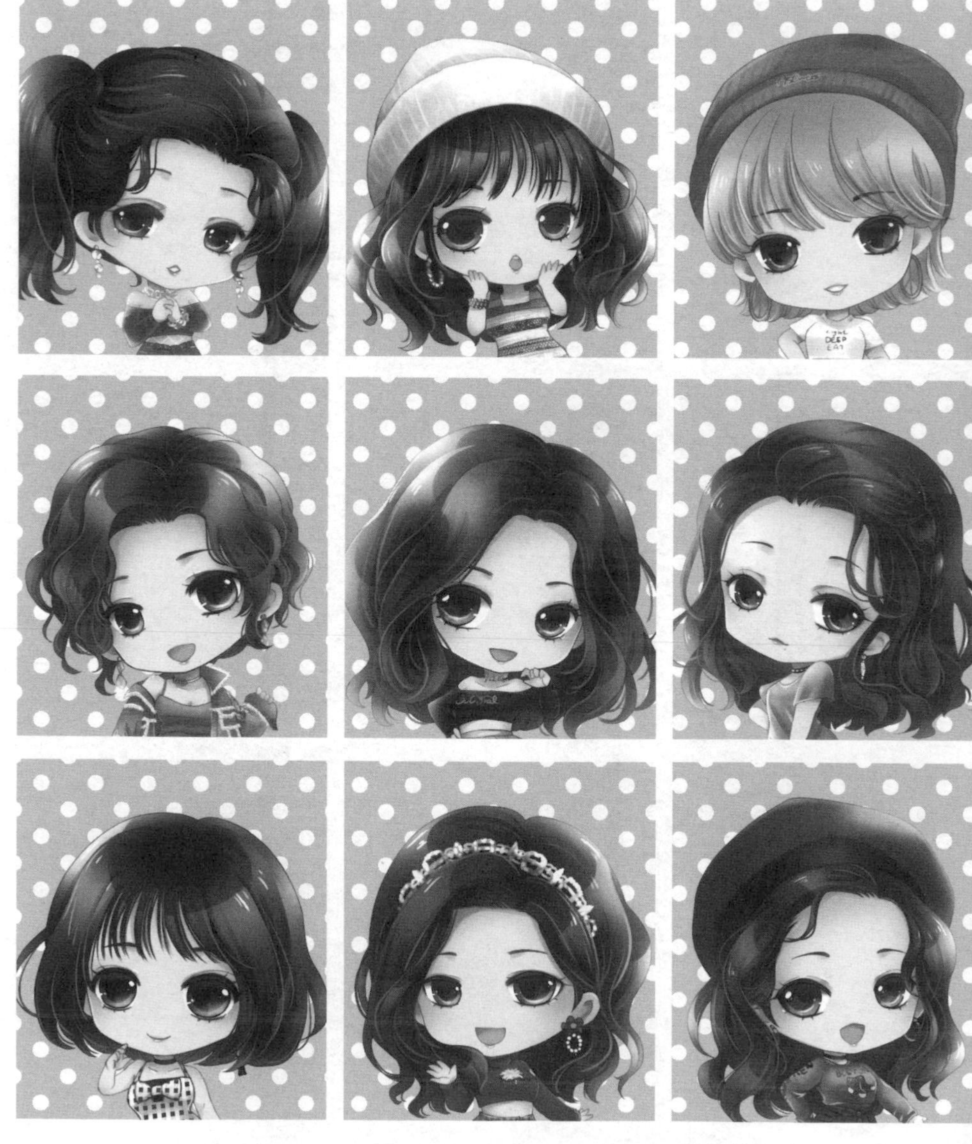

目錄 Contents

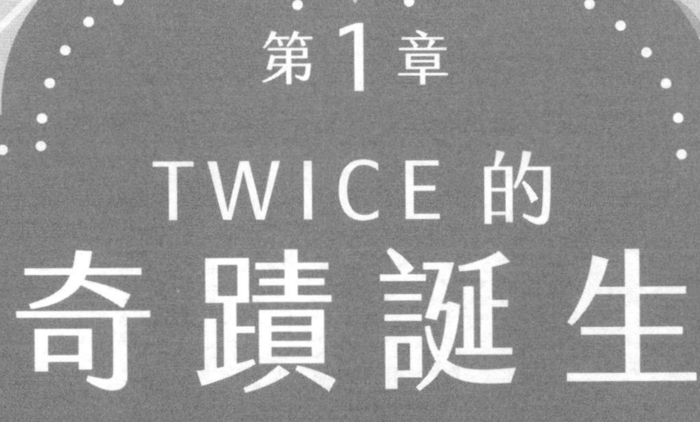

第1章

TWICE的奇蹟誕生

❤ 帶來雙倍感動的大勢女團 ❤

生存實境節目選拔是偶像團體誕生的趨勢

近年來，韓國偶像團體的誕生、出道，有不少都是從生存實境節目中經歷重重選拔、層層關卡脫穎而出，像是近期最成功的偶像男團，當然就屬由《PRODUCE 101第二季》中出道的十一人限定男團WANNA ONE（尹智聖、河成雲、黃旼炫、邕聖祐、金在奐、姜丹尼爾、朴志訓、朴佑鎮、裴珍映、李大輝、賴冠霖，已於2018年12月31日解散），而偶像女團最成功的例子，絕對是2015年10月20日出道的九人女團TWICE（志效、定延、多賢、娜璉、彩瑛、MOMO、MINA、SANA、子瑜）啦！TWICE的誕生和出道，不但將長年以來不太變動的韓國女團排行重新洗牌，至今她們的人氣仍保持在女團第一位！而根據2017年韓國文化振興院的《韓流白皮書》中記錄，TWICE被認證為第三代韓流女團代表。

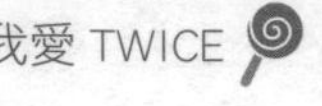

偶像推手朴軫永再造女團神話，TWICE的成功誕生

韓國音樂界重要的偶像推手朴軫永（박진영，J.Y.Park），於2001年創辦了JYP娛樂公司，以實力派唱跳歌手、創作音樂人出身的他，近二十年來寫了不少炙手可熱的流行歌曲，推廣韓國流行音樂（KPOP）文化可說是不遺餘力，而身兼經紀公司社長的他，更捧紅了不少紅遍海內外的韓流歌手，包括亞洲天王Rain（鄭智勳）、女子天團Wonder Girls、野獸派男團始祖2PM、中韓跨國四人女團miss A、新一代的性感女神宣美，以及首組包含泰國、香港、台灣成員的七人男團GOT7……等。

上述中，Rain、2PM的澤演、俊昊、燦聖及miss A的「忙內」裴智秀，甚至還成功跨界成為演員，而GOT7的香港成員Jackson（王嘉爾）更以外國藝人的身分成功打入韓國綜藝圈，朴軫永旗下的這些歌手，在站穩歌謠界的地位後，都陸續成為多方位發展的藝人，而且相當順遂，可說是每位踏入演藝圈歌手夢寐以求的

發展路線。

因「Nobody」一曲紅遍全世界的女團 Wonder Girls，隨著隊長先藝 2013 年結婚生子團體活動漸漸式微，以及 miss A 成員們的各自發展後，2015 年這位韓國音樂界的鬼才、傳奇人物朴軫永，萌生了再次推出新女團的想法。而這個消息一傳出，令業界人士和關心 KPOP 歌手的粉絲都相當期待，因為在 miss A 後，JYP 娛樂遲遲未再推出女團，而韓國女團當時由 SM 娛樂的「少女時代」一團獨大已好幾年，大家都在等著看女團市場何時會有新的重大變化？同時也引頸期盼朴軫永會有什麼翻轉市場的驚人之作，更好奇他是否會再創新一波女團神話？

JYP 娛樂和 Mnet 推出《SIXTEEN》，「Major」組拿出道門票

2015年5月5日，JYP娛樂和Mnet合作推出的生存實境電視節目《SIXTEEN》在眾人期待之下開播了。在播出前的記者會上，朴軫永就率先宣布這個節目主要是以選拔女團偶像成員為主題。《SIXTEEN》節目以十集不同主題的方式讓練習生們競賽，角逐女團的七名預備成員，而他當時也早已定好出道女團的團名為「TWICE」，此時也是該團名的首次曝光。

節目中的練習生們個個都使出渾身解數，勇敢接受唱歌、舞蹈等方面的挑戰，每位參與的女孩都希望自己能脫穎而出成為出道偶像，藉由這個節目拿到進入演藝圈、成為歌手的門票，為長久以來的夢想踏出第一步。而她們的心中，也希望能在朴軫永的帶領之下，踏上燦爛的星途，更期望自己能成為下一個「裴秀智」。

《SIXTEEN》的第一集節目共有十六名練習生，她們被分為「Major」及

「Minor」兩組，而最終待在「Major」組的七位成員就能成為TWICE成員順利出道。依照每一集設定的艱難挑戰，「Major」及「Minor」兩組的成員會因為表現好壞而互調，而每集表現最差的一位練習生則需退出節目。淘汰的機制有些現實、殘酷，但這也是韓國生存實境節目精采、能夠擁有高收視率的原因，更證明了演藝圈不好混，呈現了血淋淋的生態環境。

一開始的成員分組由唱片公司和業界專業人士而定，目前活躍於演藝圈的TWICE成員中，娜璉、多賢、彩瑛、MOMO、MINA這五人一開始就在「Major」組，而練習時間長達十年的志效那時卻被分在「Minor」組，不僅她自己為此有點落寞，在節目當中更是難掩失望的情緒，其他人也都十分驚訝。不過，在歷時三個月的競賽後，7月7日第十集中，志效就已順利被調至「Major」組了，真不枉費她多年來那麼努力。而該集除了志效，娜璉、定延、SANA、MINA、多賢、彩瑛這七位女孩，就是後來以團體「TWICE」成員出道的其中七位。

新增兩名成員引起批評，子瑜、MOMO讓團體更完整

不過，後來的TWICE為什麼是九位成員呢？原來，當時朴軫永認為，若TWICE要成為更加完美無缺、獨一無二的女團，必須再追加擁有不同亮點的成員才行，因此節目中獲得「人氣票選」冠軍的台灣女孩子瑜、舞蹈實力超群的日本女孩MOMO也加入TWICE出道了。子瑜的美貌和親切感、MOMO的驚人舞技都無可取代，而她們兩位的入團，讓TWICE成為現在的九人團體，整體看起來果然更加完整、吸睛。

然而，當時節目播出後，突然加入兩位成員子瑜、MOMO的舉動，引起忠實觀眾議論紛紛，甚至招來許多負面批評，更有人懷疑她們兩位是否為內定成員？JYP娛樂當時只簡單表示，對於《SIXTEEN》只能選拔七位成員感到十分可惜，也明白突然再新增兩名成員會惹來不小的爭議，但希望觀眾能夠諒解這個作法，對於各方批評指教也會虛心接受。雖然當時新增成員的風波不小，但看到後來出道的

TWICE，以及目前在海內外發展成功的TWICE，當時JYP娛樂的決議似乎是正確的，同時也再次讓人見識到朴軫永獨樹一格的處世態度，以及堅持實踐想法的決心。

不是出道飯也該回頭追《SIXTEEN》，TWICE的努力過程都在這裡

許多後來才飯上TWICE的粉絲，都會上網回頭找出《SIXTEEN》這個節目來看看當時的她們是如何努力奮鬥才拿到出道資格的，節目內容充滿歡笑與淚水，每集送走一起努力奮鬥的練習生夥伴，或是看到自己因努力展現而終於進入了「Major」組，不只是對於練習生自己，對於觀眾尤其是正處於身心發展的青少年粉絲來說，都是非常激勵且感動人心的內容。

而第七集的內容特別有正面教育意義，練習生們除了舞台上的展現拼個你死我

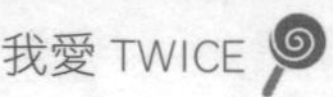

活外，朴軫永向來很重視歌手的品格教育，這集他特別以聊天的方式告訴練習生成為歌手除了專業、個人魅力之外，真實、誠實、謙虛也非常重要。正因為朴軫永特別重視品格發展，因此他旗下的歌手很少有負面新聞，總是以健康正面的形象出現在粉絲面前，而他也期許從《SIXTEEN》誕生的 TWICE 成員們都能具備這三項重要的品格。

TWICE 風光出道，落選成員亦各有發展

《SIXTEEN》的節目雖然讓 TWICE 風光出道，但有些可惜的是，落選的其他練習生，原本有望於 2019 年正式出道，但 2017 年 JYP 娛樂卻公開表示，近年不再推出女團，因此其他與 JYP 娛樂有合約的練習生紛紛出走，有的轉至其他經紀公司繼續在競爭激烈的演藝圈發展，有的則陸續參加其他選秀節目希望藉由選拔節目再次獲得出道機會。

像是《SIXTEEN》的朴智媛後來參加了選秀節目《偶像學校》，並以第六名畢業，最後以女團 fromis_9 第一主唱出道了。而當時在《SIXTEEN》呼聲頗高的混血女孩全昭彌，後來參與 Mnet 選秀節目《PRODUCE 101》獲得冠軍，更成為當時期間限定女團 I.O.I 的中心成員。《SIXTEEN》的李彩燕離開 JYP 娛樂後加入 WM 娛樂，並以練習生身份參加《PRODUCE 48》，最後獲得第十二名，成為期間限定組合 IZ*ONE 的成員之一。在 KPOP 市場上，女團雖然不如男團吃香，但努力向上的女孩們，只要勇敢展現自我特色，最終還是會獲得出道機會的，《SIXTEEN》脫穎而出的 TWICE 或其他落選的女孩，目前也正在發光發熱中呢！

第2章

TWICE 正式出道

❤ 青春洋溢大放異彩 ❤

「One in a million」，立志要成為百萬偶像團體中的唯一

2015年10月20日，是TWICE正式出道的日子，這天也是她們發行首張專輯《THE STORY BEGINS》的發售紀念日，JYP娛樂特地為了她們在首爾廣津區廣壯洞的AX KOREA盛大舉行了出道showcase，讓TWICE的九位成員能好好地在媒體及大眾面前展示自我、介紹自己，讓大家留下深刻又美好的第一印象。而這場公開的showcase上，也是她們的官方問候語「One in a million」首次正式公開，含意為「TWICE立志要成為百萬偶像團體中的唯一」，直到現在，每回出現在公開場合上，她們仍會精神抖擻又親切地喊出這句話哦！

出道曲「Like OOH-AHH」輕快洗腦，一鳴驚人之作

出道前一晚，2015年10月19日，是TWICE人生中第一首歌曲的音樂錄影帶曝光的日子，輕快洗腦的「Like OOH-AHH」歌曲旋律，以及影像中九位女孩可愛活潑的清純面貌，都讓人留下了深刻又好感度十足的第一印象，這首歌曲讓人一聽就會忍不住跟著哼唱起來，感染力非常強勁。而當時這首歌曲MV一在Youtube網路上曝光後，短短一天之內就突破百萬的點閱次數，可說是一鳴驚人的代表作品，同時也讓人感受到大家對TWICE這組新人團體的期待度和支持度，而她們一出道就來勢洶洶的氣勢，更令競爭團體倍感壓力。

以往JYP娛樂推出新歌手，主打歌通常由朴軫永親自創作、製作，但TWICE的出道曲「Like OOH-AHH」卻一反常態由其他創作人寫詞譜曲，在出道showcase上，隊長志效也特別對此做了解釋，她說：「朴軫永製作人希望TWICE能夠多方面嘗試不同曲風和可能性，因此選了其他創作人的歌曲當主打歌，他對我

們的能力真的十分信賴，這也讓我們覺得要更加努力才行。」而 TWICE 的首張出道專輯《THE STORY BEGINS》中，包括主打曲「Like OOH-AHH」在內共收錄了六首歌曲，曲風都不盡相同，但都擁有專屬於 TWICE 的迷人特色，她們也成功地在一出道就確立了團體的形象和風格。

多國成員組合而成，沒有隔閡，只有優勢

出道 showcase 上，TWICE 公開立下了演藝目標，她們表示：「希望大家看了 TWICE 的演出後，會覺得我們的舞台很酷，我們希望能成為人人尊敬的偶像歌手！」而被問及 TWICE 的團體特色與其他女子團體有何不同時，成員們一致認為，她們九位成員由韓國、日本、台灣成員組成，彼此非但沒有因為語言、文化背景不同而有所隔閡，反而能藉由共同的音樂夢想來溝通，也因此更加緊密地結合在一起，加上來自各國，她們有信心比其他團體更有機會打入其他國家的音樂市場。

雖然TWICE的夢想是相同的，語言的不同沒有成為她們的隔閡，但身為隻身在外打拼的外籍成員來說，還是有許多不為人知的辛苦之處，包括學習韓文這項最重要的功課。在出道showcase上，三位日籍成員MOMO、MINA、SANA就透露了她們剛到韓國擔任練習生的心情，更特別感謝師姊miss A成員Fei（王霏霏）時常幫助、指點她們，讓她們在孤獨的時候感受到一絲絲溫暖，而Fei也因為本身是從中國隻身至韓國發展，因此更能體會外國人到韓國打拼的辛苦，所以很願意幫助背景相同的後輩。

談及學習韓文的過程，日本成員MINA說：「剛到韓國生活時，我完全都不懂韓語，真的很擔心在韓國的生活該怎麼辦才好，幸好後來漸漸地享受當地的一切日常生活。」台灣成員子瑜也坦言：「到韓國當練習生之前，我真的一句韓文都不會說，那時只要看到別人能很輕鬆地聊天，我心裡就會覺得有點羨慕他們，因此有些悶悶不樂，不過後來很幸運地，身邊很多人都幫助我度過難關！」

而 JYP 娛樂家族的歌手向來都很照顧後輩歌手，關愛之情溢於言表，更常常以實際行動力挺。雖然娜璉是韓國籍成員，在韓國打拼沒有語言的問題，但對於剛出道、剛登上舞台的她來說，面對鏡頭這件事還是需要些時間來熟悉，她也特別感謝 Fei 教她們找鏡頭的訣竅，讓 TWICE 可以在舞台上展現地更棒。多賢則談到她們在練習室裡為了出道舞台認真練習時，總是有同門前輩來探班、鼓勵她們，讓她們時時充滿能量和戰鬥力呢！

登上音樂節目《M! Countdown》，出道舞台大展實力

「Like OOH-AHH」一推出就成功獲得大眾喜愛，讓 TWICE 迅速被認識，知名度很快就打開了，當時走在韓國首爾的大街小巷，隨處都能聽到商家在播放她們的歌曲。而專輯發售後兩天，2015年10月22日，她們也在音樂節目《M! Countdown》獻上出道舞台了，開始展開她們出道後的宣傳行程！《M! Countdown》播出當日，許多觀眾都對 TWICE 中的「台灣之光」子瑜產生興趣，舞台上 TWICE 的表現毫無新人的羞澀表現大受好評，子瑜更因個人姣好的外貌和身材迅速獲得關注，還因此登上了當日韓國的熱搜榜，成功引起韓國粉絲的討論話題，她更是萬萬沒想到會這麼快受到關注呢！

TWICE與ONCE，雙倍感動、雙倍回報！

TWICE是JYP娛樂時隔五年，繼miss A再度推出的女子團體（2017年12月27日，miss A已宣布解散），TWICE的團名意義為「透過耳朵聽音樂，再藉由雙耳得到雙倍感動」。而出道後不久，TWICE的官方Instagram上也公布她們的官方粉絲名為「ONCE」，意義為「粉絲們只要給予TWICE一次（once為英文「一次」的意思）的愛，TWICE就會以兩倍的愛回報粉絲」。而之後TWICE對於粉絲的回應，也真如這個粉絲名的意義一般，總是回饋給粉絲滿滿的、雙倍的愛哦！

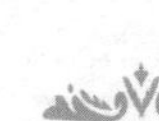

應援色、應援物都有自我代表風格

除了官方粉絲名的公開讓粉絲們驚喜之外，應援色更是粉絲們相當關心的話題，許多新偶像都擔心與其他前輩歌手的應援色系太過接近惹來非議，因此近幾年出道的偶像，時常苦於找不到適合的應援色系而煩惱。而 TWICE 在出道滿一週年前，先後確定了應援色和應援物。她們的應援色為杏桃黃（Apricot, Pantone 712C）與霓洋紅（Neon Magenta, Pantone 812C），當時出道週年發行的專輯還特別以新出爐的官方應援色做為設計呢！而 TWICE 的官方應援物則為「棒棒糖幻彩手燈」，十分符合她們可愛、俏皮、多樣化魅力的風格呢！

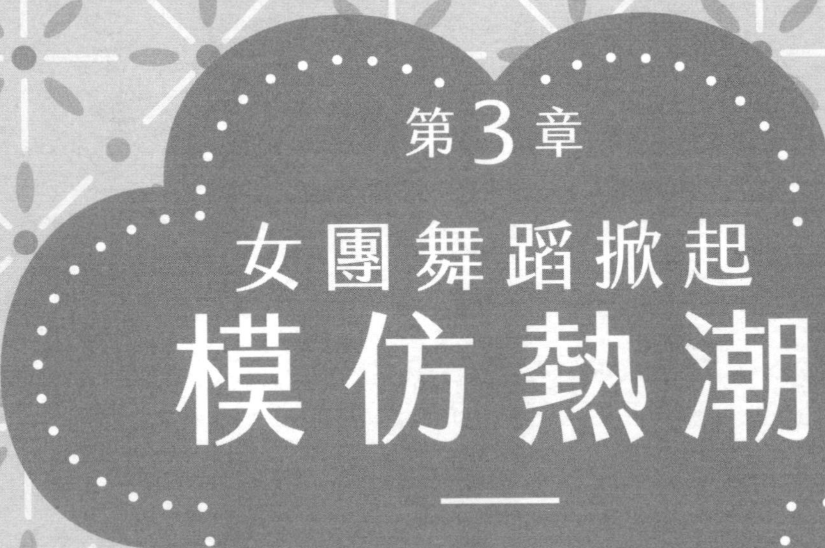

第3章

女團舞蹈掀起 模仿熱潮

❤經典主打首首爆紅❤

「Like OOH-AHH」逆行音源榜，朗朗上口的旋律

依據韓國Gaon Chart實體專輯銷量排行榜2015年的統計數字表示，TWICE於2015年10月20日發行的出道專輯《THE STORY BEGINS》，在當年的總銷售量為四萬九千九百零四張，是該年女子新人專輯中銷量最高的團體。而當時的主打歌曲「Like OOH-AHH」更在發行後的一個半月，逆行於韓國各大音源排行榜成為美談，她們更因此再度風光重回音樂節目宣傳、打歌。而至2016年4月4日，《THE STORY BEGINS》在韓國的專輯銷售量更累積超過七萬張，TWICE成了繼前輩少女時代之後，在韓國出道專輯第一組破銷售超過六萬張的女子團體呢！

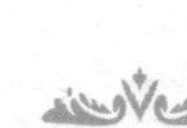

「CHEER UP」刷新韓團最快破億紀錄

TWICE在一鳴驚人的「Like OOH-AHH」後，更趁勝追擊於2016年4月25日推出第二張迷你專輯《PAGE TWO》回歸樂壇，主打歌「CHEER UP」又是一首輕快且深具TWICE代表性的歌曲，且和「Like OOH-AHH」同樣是由製作人黑眼必勝（由崔奎成和Rado組成）創作。在事前的預告宣傳照上，她們的啦啦隊服造型就引起高度期待，充滿青春氣息的TWICE在新歌尚未曝光前就再次引起話題。由於TWICE當時已迅速擁有高人氣，因此「CHEER UP」一推出，馬上就在隔日達成韓國八大音源榜All-kill的成績，而這項肯定也讓她們在韓國樂壇快速佔有一席之地。而「CHEER UP」音樂錄影帶的點閱次數，在公開後的206天，就創下了「韓國偶像團體MV最快達到一億點閱次數」的紀錄。而2018年11月初，「CHEER UP」音樂錄影帶更突破了三億點閱次數。

「CHEER UP」的成功不僅僅是展現了TWICE討人喜愛的活潑特色，歌曲是

一首融合嘻哈、Tropical House、電子鼓等元素的舞曲，而九位成員在音樂錄影帶中的表現更是引發討論話題，她們分別扮演了電影或電視劇中的經典角色，志效扮演《魅力四射》的啦啦隊隊長、娜璉扮演《驚聲尖叫》中的席妮皮斯考克、MOMO扮成《惡靈古堡》的艾麗絲、SANA扮成《美少女戰士》中的月野兔、MINA扮成《情書》中的藤井樹、子瑜扮成《第凡內早餐》飾演荷莉葛萊特利的奧黛麗赫本、彩瑛模仿《火車大劫案》的帥氣女牛仔、多賢模仿了《黃真伊》中彈奏伽倻琴的韓服女孩、短髮帥氣的定延則模仿了香港電影《重慶森林》王菲飾演的角色，企劃性超強的「CHEER UP」音樂錄影帶，難怪能創下高點閱次數啊！

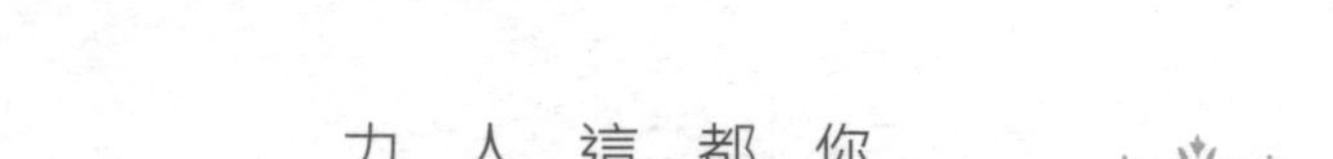

「TT」成為全民歌曲，舞蹈動作引發模仿熱潮

TWICE在出道滿一週年之際，2016年10月24日，她們推出第三張韓語迷你專輯《TWICEcoaster: LANE 1》，主打歌「TT」與前兩張作品的主打歌一樣，都是由黑眼必勝製作，這首歌爆紅的程度，連不是TWICE的粉絲也都聽過「TT」這首歌曲，甚至還會唱上幾句歌詞、跳上這支舞蹈的基本動作。當時連許多韓國藝人也都在電視節目、見面會上模仿「TT」的舞蹈，可見這首歌曲和舞蹈的強大感染力，更可說是人人在日常生活中意外幫忙宣傳這首歌的程度！

網路表情符號引起共鳴，唱出少女戀愛心事

歌名「TT」是「淚流滿面」的表情符號，TWICE的第三張迷你專輯以網路流行符號為歌名，很快就引起了大眾及青少年的共鳴，歌曲一如以往她們的主打歌走輕快的路線，活潑的旋律搭配重節奏，唱出少女們初次遇到愛情不知所措的心情，

因此許多少女聽了覺得很有共感。仔細聆聽的話會發現，「TT」的歌詞其實銜接了之前「CHEER UP」的歌詞內容，都是描寫女生內心複雜多變的感受，也因此TWICE的鄰家女孩形象雖然深受男性粉絲喜愛，但她們的女性粉絲可不比男性少，TWICE似乎成為了解少女心事的偶像代表，對女性粉絲來說，她們像是「姊妹淘」或「閨密」般存在於生活中那麼緊密的關係。

活潑又帶點撒嬌風格的舞蹈動作，少女必備拍照姿勢

TWICE的歌曲舞蹈動作安排總是別出心裁，繼「Like OOH-AHH」、「CHERR UP」後，「TT」的舞蹈編舞再度設計了高記憶度的招牌動作。「TT」的舞蹈中有不少專屬少女的淘氣動作，包括讓人看了難以招架、大呼可愛的「雙手生氣插腰」、「狙擊人心」。而以歌名「TT」發想、以左右手比成兩個「T」字型放在臉頰兩旁的手勢，則代表了歌名「TT」淚流滿面的表情，成員們做起這個動作都可愛到爆炸啦！而這個活潑又帶點撒嬌的動作，當時也掀起了模仿風潮，成了少女們拍照時的流行動作。

不只在韓國，在台灣連幼兒園的小朋友都聽過「TT」這首歌，甚至老師帶動唱時還選用這首輕快的歌曲，足以媲美幾年前紅遍台灣的日本卡通《妖怪手錶》主題曲「妖怪體操第一」呢！而喜歡韓國流行音樂和舞蹈的青少年，「TT」這首歌曲的舞蹈當時更是必學的曲目，甚至愛跳舞的男生還喜歡反串表演這支可愛的女團舞蹈，隔年的各大尾牙活動上，這首歌曲也是熱門表演歌曲！TWICE的獨特魅力就在於，每次發表新的作品時，不但會帶來可愛動聽的舞曲之外，充滿新鮮感、讓人耳目一新的俏皮編舞動作，總是引起一陣模仿熱潮。

而「TT」這首歌的官方音樂錄影帶，累計至2018年9月17日，已再次創下新紀錄，於YouTube網站上的MV觀看次數，突破四億點擊次數，這也是TWICE首支破四億點擊次數的MV，更是韓國女團第一支達成四億點擊次數的MV，這項優異的成績，僅次於男團BTS防彈少年團的「DNA」歌曲MV於九個月內達成四億點擊的紀錄，實在是相當厲害。

MV中扮演經典角色，子瑜超齡演出引發討論

由於歌曲「TT」推出當時，適逢萬聖節前，音樂錄影帶的拍攝主題特別搭配萬聖節的「Trick or Treat（不給糖就搗蛋）」變裝趣，因此MV內容的策劃，不管是服裝造型或是劇情設定，都充滿了童話的風格，值得粉絲們細細品味。此外，承續上回「CHEER UP」音樂錄影帶成功的模式，成員們再次於其中扮演不同經典角色，也算是TWICE再次於自己的歌曲MV中挑戰演技。

「TT」的MV裡，九位成員扮成不同的卡通人物或電影角色，包括「調皮小惡魔」娜璉、《木偶奇遇記》中的「皮諾丘」定延、《彼得潘》中有著翅膀的「小精靈」MOMO、「超殺女」SANA、《冰雪奇緣》「艾莎」及《愛麗絲夢遊仙境》「紅心王后」的志效、MINA《神鬼奇航》的女海盜、「兔寶寶」多賢、「美人魚」彩瑛、「吸血鬼」子瑜，每位成員的變裝都讓人看了眼花撩亂、嘖嘖稱奇。

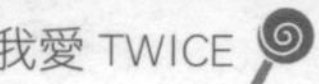

其中，最讓台灣粉絲們驚訝的是子瑜的打扮了，她穿上超齡成熟的黑色蕾絲禮服，展現神祕又性感的不同形象，連子瑜的媽媽都說差點認不出MV中的女兒，但也由此可見子瑜的多變迷人魅力和高可塑性。

十二座音樂節目冠軍的肯定，穩坐韓流第一女團寶座

TWICE以專輯《TWICEcoaster: LANE 1》回歸樂壇獲得前所未有的好成績，主打歌曲「TT」更不斷創下佳績，從發行日馬上打入韓國八大音源網站冠軍，實體專輯銷售成績更破了女團首週銷量紀錄成為冠軍。此外，音樂節目上也頻頻奪得一位，該年度截至年底，TWICE共以這張作品獲得了十二座冠軍。

海外地區的成績更是不容小覷，專輯發行首日馬上打入香港、馬來西亞、泰國、越南、新加坡、台灣、中國大陸、澳門等八個國家及地區的iTunes專輯榜冠軍在美國告示牌排行榜上，專輯《TWICEcoaster: LANE 1》和歌曲「TT」分別排行

「世界專輯榜」第三名、「世界單曲榜」第一名。日本公信榜上，海外專輯排行榜排行第十名、海外音樂排行榜則登上冠軍。因此，「TT」這首歌絕對是TWICE成功被大量海外粉絲認識的主要歌曲，也因這首歌大大累積了海外粉絲的數量。而由於《TWICEcoaster: LANE 1》專輯的成功和長賣，也讓JYP娛樂決定於聖誕節前推出改版專輯《聖誕特別版》，讓她們從萬聖節一路陪伴粉絲到聖誕節。而對粉絲們來說，每個重要的節日都有偶像陪伴，是多麼快樂的一件事情啊！

出道後第四首主打歌「KNOCK KNOCK」依舊大發

2017年2月20日發行的特別專輯《TWICEcoaster: LANE 2》中，TWICE推出的主打歌「KNOCK KNOCK」又是一首讓粉絲一聽就印象深刻的歌曲，搭配可愛又記憶度高的舞蹈編排，讓這首歌再次迅速獲得大成功！「KNOCK KNOCK」當時在韓國網站上一公開音源，兩天內馬上橫掃各大排行榜，再度達成「All Kill」的成績，在主要八大音源排行榜的各分類上都奪得冠軍，TWICE出道

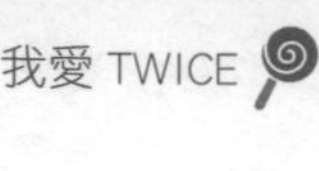

以來的第四首主打歌「KNOCK KNOCK」依舊大發。

「敲門舞」、「躲貓貓舞」、「流星舞」都是必學舞蹈動作

「KNOCK KNOCK」的音樂節奏非常快，尤其副歌唱到「KNOCK KNOCK KNOCK KNOCK KNOCK KNOCK MY DOOR」時，TWICE的成員們要跳出「敲門舞」的動作，這個可愛的敲門動作雖然不特別困難，但是敲門的動作要和這麼快的歌曲節奏拍子對上，卻不是一件容易的事情。這首歌還有另外兩大重點舞蹈，分別是「躲貓貓舞」、「流星舞」。「躲貓貓舞」為三人一組，兩人舉單手搭起門的樣子，另一名成員則從中間探出頭來，是相當俏皮且充滿少女風格的動作。

音樂錄影帶拍攝花絮，JYP社長客串，成員們邊拍邊睡

回想「KNOCK KNOCK」的MV拍攝趣事也令人津津樂道，九位女孩在MV中以居家形象大玩枕頭仗，突然聽到叩門聲而衝下樓開門，沒想到登門拜訪的人是老闆

朴軫永客串演出，他穿著可愛的藍色睡衣、抱著鍵盤客串現身，雖然只是短短出現的畫面，但「戲」胞十足的他相當搶眼，而且專業的他在五分鐘內就拍攝完成了。朴軫永之前也曾在旗下歌手的MV中有過短暫出現的搶眼演出，例如：Wonder Girls的「Nobody」MV一開始，他犧牲色相坐在馬桶上大叫的樣子，至今仍令人難以忘記啊！

「KNOCK KNOCK」MV拍攝前兩天，TWICE因為繁忙的工作行程足足兩天沒有睡覺，拍攝時，多賢、彩瑛、娜璉因為拍攝現場剛好有躺在床上的場景，她們當場因為太過疲累而在床上忍不住睡著了，不過敬業又專業的她們，一聽到導演要開機拍攝，馬上清醒在鏡頭前展現充滿活力、笑容滿面的樣子，哇，藝人的工作和生活真的是「異於常人」，如果她們不透露這段幕後祕辛，大家看到她們在MV中開朗活潑的模樣，肯定無法察覺出她們兩天沒睡覺吧？

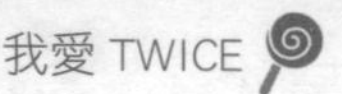

「KNOCK KNOCK」官方MV觀看次數破兩億大關！

TWICE出道以來幾乎沒有休息過，一張張作品趁勝追擊發行沒有停歇過，一邊忙於海外工作的同時，國內也頻頻傳出刷新紀錄的好消息，「KNOCK KNOCK」在推出一年多後，於2018年8月5日，在Youtube的官方MV觀看次數破了兩億大關，這也是她們繼「Like OHH-AHH」、「Cheer Up」、「LIKEY」、「Heart Shaker」後第五支超過兩億觀看次數的歌曲MV，而目前她們最高觀看次數的MV仍是破四億的「TT」。

雖然MV觀看次數破億對TWICE已不是第一回，但她們知道「KNOCK KNOCK」再刷新紀錄時，仍然開心地在臉書粉絲專頁上公開這個好消息，並藉由留言貼心地表達對粉絲們的感謝和支持，TWICE表示：「沒有ONCE做不到的事情！」而接下來TWICE還會有多少支點擊次數破億的作品呢？不只是TWICE自己非常期待，相信喜愛她們的ONCE也都會繼續支持，讓她們創下更多新紀錄！

「SIGNAL」展現不同以往的全新曲風

2017年5月15日，TWICE推出了第四張迷你專輯《SIGNAL》，同名主打歌「SIGNAL」的推出一如往常受到高度討論。而這回最特別的是主打歌「SINGAL」由JYP娛樂社長朴軫永親自操刀，這也是他首次為TWICE製作主打歌，因此粉絲們都相當好奇，她們的主打歌曲風會不會因此有大轉變？而朴軫永指導她們錄製新歌時，成員們與他有了更多音樂方面的接觸，談及合作時的感覺，TWICE透露他是個私下完全沒有距離感的社長，一般社長有的威嚴在他身上完全不曾出現過。

「SIGNAL」是TWICE出道後首次演唱由社長朴軫永製作的主打歌，TWICE的成員一開始有點緊張，但也都相當興奮，隊長志效就說：「錄製這首歌曲的過程非常開心，社長還請我們吃飯，叫我們放鬆心情去詮釋就好了。」多賢則道出期待

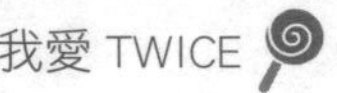

的心情，她說：「出道以來，我就一直想唱朴軫永製作人為我們量身打造的主打歌，這次能唱他製作的歌真的好興奮，TWICE也能展現出不同以往的面貌。」娜璉說：「『SIGNAL』展現了TWICE的獨有魅力，這首歌的歌詞說的是對喜歡的人表達心意、發送愛的訊號，是首充滿TWICE風格的歌曲，可愛感十足。」

「SIGNAL」重點舞蹈「六六舞」，如天線般接收愛的訊號

提到大家關心的「SIGNAL」重點舞蹈，娜璉特別透露：「我們在編舞、練舞的時候，朴軫永製作人都會抽空到練舞室裡跟我們一起跳舞，還會把動作編排得更可愛、更有亮點，讓整支舞跳起來更有撒嬌的感覺。」「SIGNAL」的重點舞蹈是「六六舞」，她們以手比著六的手勢，放在頭頂上，就像是天線接收訊號一般，而她們接收的正是愛的訊號呢！不過，「SIGNAL」其實一開始編舞時沒有招牌動作「六六舞」，志效透露：「原本拍攝專輯封面照時並沒有『六六舞』，是後來編舞才有的，所以我們在拍攝MV時又拍了一次封面照。」

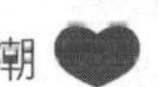

MV裡成員大玩超能力，還有更多不為人知的拍攝祕辛

「SIGNAL」的MV中，TWICE成員們在裡頭大玩超能力的梗，在收到神祕的愛的訊號後，她們就能各自使出不同絕技與外星人PK，例如：瞬間移動、分身術、催眠術、千里眼……等意想不到的絕技。MV中的子瑜是「大力女」，她強而有力能打飛外星人，與韓劇《大力女子都奉順》一樣呢！隊長志效在拍MV時剛好腿傷尚未痊癒，因此她被安排坐在粉紅色的可愛迷你小車裡，可別以為坐在裡頭很輕鬆，她透露：「雖然小車車看起來很可愛，但是看不到後方，所以倒車時有點危險，還不小心撞到其他人。」多賢在MV中飾演的是分身術的超能力，彩瑛也參與了這部分的拍攝，她透露：「最困難的是需要做很多不同的動作，而且還不能重複才行。」

TWICE每回推出新歌MV都有很多精采又用心的企劃內容，除了上述的超能力劇情之外，成員們也爆料每個人的髮型都費盡心思造型，多賢在MV中的髮型，就足足花了一個小時才完成，她笑說：「有些粉絲看到我在MV中的髮型，竟然問我頭髮是

不是真的？其實啊，原本我不太喜歡MV裡頭的髮型，但爸爸看了說很可愛，讓我釋懷不少呢！」

MINA則道出了不為人知的幕後拍攝祕辛，她說：「拍攝MV時，為了不提早洩漏出音源，如果是在戶外拍攝，現場就會把歌曲調成不是原本的調調，聽起來像是機械音很奇怪、會令人想笑，剛好我負責演唱的那段，就是在戶外拍攝，所以拍攝時聽到那個聲音，就忍不住一直笑場、停不下來。」

冠軍公約回到初心，再次穿上出道打歌服感謝粉絲支持

第四張迷你專輯《SIGNAL》發行當日，TWICE在首爾Blue Square召開專輯發售showcase，成員們除了針對短短出道一年半就回歸多次表達心情外，也公開討論了「冠軍公約」的內容，九位成員妳一言、我一語，熱烈地討論了起來，最後，ONCE建議她們如果拿下音樂節目冠軍，就重新穿上出道歌曲「LIKE OOH-AHH」MV中的服裝唱跳「SIGNAL」，而這個建議馬上獲得全體成員一致認同，因為她們認為這個舉動也代表著「回到初心」的深層意義。當然，冠軍女團也不負眾望，後來真的拿下冠軍，並且依照約定照辦了呢！

首張正規專輯《Twicetagram》，「LIKEY」的L招牌手勢

TWICE於出道滿兩年後，在2017年10月30日發行了首張正規專輯《Twicetagram》，這張正規專輯的發行真的讓粉絲們等了很久。主打歌「LIKEY」一推出，果然不負眾望，再次刷新紀錄，在短短一星期之內，創下了韓國女團MV史上於最短時間內突破四千萬點閱次數的紀錄！專輯名稱《Twicetagram》的發想以Instagram為延伸，平易近人且貼近青少年族群的生活喜好，很快就獲得大眾喜愛。TWICE出道以來的主打歌，總是能帶起網路流行話題，並造成一股流行風潮，不得不說她們在各方面都十分用心。

主打歌「LIKEY」是首Future Electro Pop曲風的歌曲，同樣由黑眼必勝製作操刀，每次他們為TWICE量身打造的歌曲，總是能獲得廣大迴響，這次也不例外，發行日當天就橫掃各大音源榜冠軍。由於黑眼必勝從TWICE出道曲就開始與她們合作，因此彼此已有深厚的革命情感，在正規專輯發行紀念showcase上，還

特地坐在台下欣賞TWICE的演出，以製作人的身分為她們加油打氣，陪伴著她們從新人女團走到冠軍女團這條路上，黑眼必勝投入的創作和製作心血功不可沒呢！

「LIKEY」歌曲節奏輕快、充滿年輕朝氣的氣氛，一如以往TWICE的風格，專輯照片、歌詞、音樂錄影帶也都充滿了鮮豔的色彩，最重要的是，這支舞蹈同樣擁有令人記憶深刻的手勢！搭配歌名「LIKEY」而編排的重點舞蹈明確地以「L」字母為主要手勢，除了兩手比出「L」字形放在雙頰旁之外，還有雙手交叉比出「L」放在下巴的動作，而這首歌曲的舞蹈也很快又造成一股模仿風潮，簡單且具有代表性的「L」手勢，更讓粉絲們聽到這首歌曲，就會忍不住跟著她們一起跳呢！

而ONCE總是被TWICE稱讚「沒有做不到的事情」，這話也在「LIKEY」公開音源的當天再次印證。首次公開「LIKEY」舞台的場合是在發行日當天舉辦的showcase上，但網路音源是在showcase前三小時才公開，沒想到參與showcase的ONCE在台下竟然能跟著TWICE一起唱，同時也已經練習好這首歌的應援口號了，讓成員們感到十分驚訝地說：「『LIKEY』才剛公開三小時，

ONCE是怎麼做到的？竟然可以整首歌都背下來？ONCE最棒了，果然沒有做不到的事情！」

TWICE也分享了對「LIKEY」這首歌的感覺，她們表示：「成員們一聽到這首歌曲的旋律就愛上這首歌了，我們直覺ONCE也會跟我們一樣愛上這首歌。」而這首歌曲對TWICE的意義非凡，因為是她們出道以來首張正規專輯的主打歌，當時，隊長志效也發表了推出正規一輯的心情，她說：「好不容易實現了推出正規一輯的夢想，希望這張專輯的宣傳期間會有很多美好的回憶。」而子瑜也感動地表示：「發行正規一輯真的是件令人開心的事情，未來TWICE會繼續透過音樂把正面的能量傳遞給各位！」的確，TWICE每回帶來的新歌都充滿了滿滿的元氣，不只是動聽的音樂鼓舞人心，舞蹈的魅力更散播了不少歡樂的氣氛呢！

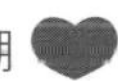

再次與ONCE一起過聖誕節，TWICE化身聖誕精靈

2017年12月11日，TWICE的首張正規專輯《Twicetagram》推出了改版特別專輯《Merry & Happy》，由於在聖誕節來臨前發行，因此整張專輯的設計和歌曲都充滿了濃濃的溫馨佳節氣氛。專輯中共有十五首歌，除了由朴軫永作詞的主打歌「Heart Shaker」外，也收錄了正規一輯中的所有歌曲。此外，還有專輯同名歌曲「Merry & Happy」，而這正是專屬於聖誕節的歌曲。

「Heart Shaker」再次橫掃音源榜單，音樂節目奪下九次冠軍！

《Merry & Happy》專輯的設計和成員們的服裝造型，都以充滿Christmas氣氛的綠色為主，不得不說，這張改版專輯就像一份令人驚喜的聖誕禮物，而那年的韓國聖誕節交換禮物活動上，一定有很多人以《Merry & Happy》專輯為禮物吧！主打歌「Heart Shaker」在音源一公開後，完全不令人意外地，立刻橫掃各大

音源排行榜，宣傳期間，她們更順利在音樂節目上，前後奪下九次之多的一位！而在歷經了七個月後，2018年7月11日，「Heart Shaker」的官方MV更突破了兩億大關，TWICE再次為自身紀錄新添一筆輝煌的成績！

原汁原味的青春本色，不需多加修飾就充滿魅力

TWICE出道發行首張作品爆紅後，回歸樂壇的時間十分密集，儘管如此，每次一推出新歌，不但引起廣大迴響，也能立刻攻佔排行榜冠軍，不愧是當今韓國第一女團！而「Heart Shaker」這首歌曲，同樣是以活潑青春的風格為主，MV中九位成員穿上簡單的白色上衣小露蠻腰，並搭配能完美展露身材線條的牛仔褲為造型，看起來真的十分有朝氣，女孩的青春本色不需多加修飾就很迷人呢！

不再暗戀、大膽告白，歌詞中出現子瑜的名字！

「Heart Shaker」比起之前的暗戀歌曲，最大的差別就在這首歌裡，她們終

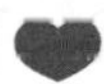

於能向暗戀的對象大膽告白了！許多粉絲都表示，TWICE的成長和改變，從歌曲的歌詞中就能察覺，而粉絲們似乎也跟著她們一起長大呢！最特別的是，這首歌中，竟然出現子瑜的名字，歌詞說「要不要直接跟他說我叫子瑜，還是把電話寫在紙條上塞給他後趕快跑掉？」，這句有趣的歌詞，當時迅速讓這首歌曲成為討論話題，同時也讓大家感受到子瑜在韓國人受喜愛的程度。回顧之前JYP娛樂旗下出現過歌手名字的歌曲，還有miss A的智秀，智秀的名字曾出現在miss A的歌曲「Goodbye Baby」中。

「鴨子舞」蹲著跳頗費力，志效負傷仍敬業完成令人佩服

拍攝「Heart Shaker」音樂錄影帶時，TWICE以簡單的服裝跳著整齊又輕快的舞蹈，讓人一看就感受到愉快的戀愛氣氛，她們還獨創了需要蹲著跳的「鴨子舞」，看起來真的很費力啊，特別是很多粉絲擔心志效那時候腳傷尚未痊癒，這段舞蹈對她來說似乎對膝蓋有些吃力，不過敬業的她還是完成了艱難的動作，讓MV畫

面看起來超級俏皮可愛呢！

編舞出現蔡依林「美人計」的折手舞，台灣粉絲看了直呼驚豔！

此外，「Heart Shaker」的MV中還有個亮點舞蹈讓人印象深刻，特別是台灣的粉絲看了肯定很有感覺，那就是台灣成員子瑜在其中重現了蔡依林的歌曲「美人計」的「折手舞」。出道之前，子瑜就曾在選秀生存節目《SIXTEEN》中，在大家面前表演過「美人計」的舞蹈動作，當時就令很多觀眾和評審老師留下深刻的印象，而「Heart Shaker」MV裡也再次展現了這段難度頗高的舞蹈。

TWICE成員雙倍？出現NG畫面是失誤還是特意安排！

TWICE主打歌的MV總暗藏許多巧思，「Heart Shaker」的音樂錄影帶最後運用了特效技術，把成員人數從九個變為十八個，而且是兩種完全不同的造型風格，除了玩出畫面的新鮮感之外，也令粉絲們再次感受到她們多變的豐富面貌。而許多

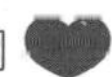

粉絲更發現，子瑜在這支歌曲中的鏡頭多了很多，除了歌詞中出現她的名字外，鏡頭變多也代表著經紀公司對她的厚愛。

而還有眼尖的粉絲在「Heart Shaker」的音樂錄影帶中，發現了疑似漏剪的NG畫面，包括：子瑜不小心沒站好滑了一下後繼續故作鎮定跳舞，以及SANA從背後抱了定延讓她害羞撇開頭的畫面。不過，在粉絲們提出疑點後，JYP娛樂表示，粉絲們發現的NG畫面是特意保留不剪掉的，因為TWICE這些真實的拍攝過程，能讓粉絲感受到成員們自然的面貌，那種不多修飾的樣貌其實更具魅力，所以在考量過後就讓這畫面直接出現在MV成為亮點啦！

「What is Love？」，讓 TWICE 透過歌曲告訴你愛是什麼？

2018年4月9日，TWICE的第五張迷你專輯《What is Love？》發行了，這次的新歌曲風、舞蹈風格和服裝造型，都充滿了五彩繽紛的感覺，輕快的節奏令人聽了很快就感染了愉悅的氣氛。同名主打歌「What is Love？」是首一聽到音樂會忍不住跟著一起舞動身體的歌曲，她們在專輯發售紀念showcase上曾透露，錄製這首歌曲時過程真的頗辛苦，短短的一首歌曲裡，包含了很多不同的變化和元素，另外，曲中有段娜璉的rap，讓整首歌曲聽起來更有俏皮感。

專輯發行隔日，TWICE的這首主打歌「What is Love？」，再次於短時間內取得很好的成績，在各大音源即時排行榜上火速登上冠軍。回顧TWICE的出道成名曲「Like OOH-AHH」到後來的主打歌「CHEER UP」、「TT」、「KNOCK KNOCK」、「SIGNAL」、「LIKEY」、「HEART SHAKER」等，都能在很快的時間內獲得大眾喜愛，而「What is Love？」也延續了良好的紀錄。此外，「What is Love？」更打破了韓國MELON音樂網站上，偶像女團公開音源後，最多人同時在線收聽的紀錄。

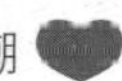

「問號舞」激發各種幻想，MV中再次扮演電影角色

由朴軫永作詞、作曲的「What is Love？」，描述的是女孩們透過電視劇、電影、書籍對愛情產生的好奇心與各種幻想，整首歌曲充滿了浪漫的粉紅泡泡。舞蹈編排也呈現了TWICE特有的可愛STYLE，重點舞蹈是「問號舞」，而這不只呼應了歌名結尾的問號，專輯封面更以一個大問號來作視覺設計。TWICE自出道以來，雖然多以黑眼必勝的創作為主打歌，但「What is Love？」是繼「SIGNAL」後再次以朴軫永的創作曲為主打歌，而且是在三百首歌曲中挑出的第一主打歌！

拍攝「What is Love？」的MV過程十分有趣，TWICE九位成員以居家可愛的裝扮出現在畫面，一群人在電視機前搶著遙控器，這時電視螢幕上出現的是成員們穿著制服在校園中的畫面，包括圖書館裡的志效、在擂台上對決的子瑜……等。MV中還出現了經典電影中的模仿場景，每位成員又再度扮演了電影角色，看來她們因為拍攝MV，真的上了COSPLAY的癮，而粉絲們也養成看她們變裝的習慣啦！

「Dance The Night Away」陪伴 ONCE 過暑假

2018 年的夏天，TWICE 推出了第二張特別專輯《Summer Nights》，主打歌是充滿夏季夜晚風格的輕鬆舞曲「Dance The Night Away」，會令人聽了忍不住露出微笑、跟著翩翩起舞。於7月9日發行隔天，這張作品就拿下了韓國各大音源排行榜第一名，海外地區更是在多個國家的 iTunes 專輯榜拿下冠軍。

在暑假宣傳這張專輯時，TWICE 有更多機會見到學生粉絲，也因而感染了學生放暑假的氣氛，因此跑宣傳行程時，總是很有度假、完全放鬆的感覺，更頻頻拋開形象玩新梗。那時，她們在音樂節目《Show Champion》上奪冠後，不但一邊吃西瓜一邊在舞台上表演，最後還調皮地吐出西瓜籽，MINA 和多賢甚至還把籽黏在臉上搞笑了起來！粉絲看了 TWICE 這些超真實的表現，除了感受到她們越來越放得開的個性外，也更加喜愛她們自然不做作的面貌，TWICE 真的毫無距離感啊！

日本沖繩海邊取景，烈日下拍攝完成音樂錄影帶

TWICE出道滿三年後，《Summer Nights》是她們首次於夏季發行的作品，因此成員們都覺得十分有新鮮感，因為夏天的表現方式是前所未有的嘗試。主打歌「Dance the Night Away」的音樂錄影帶拍攝工作，更拉到日本沖繩的海邊取景，一群人一起搭機前往沖繩工作，真的很有夏季旅行的感覺呢！「Dance the Night Away」真的是首非常適合夏天聆聽的歌曲，MV在Youtube上公開時，也立刻衝上超高點閱次數，再次證明TWICE的超高人氣始終不墜。

不過「Dance the Night Away」的拍攝過程頗為辛苦，為了拍攝出美美的畫面，TWICE成員們和工作人員都付出了很多努力，特別是在烈日之下工作。TWICE成員們為了配合此次歌曲的主題，皆穿了泳裝、短褲，展現青春少女的活力和健康形象，但夏天烈日毫不客氣地攻擊，讓她們一整天在戶外拍攝下來，都被曬到全身紅通通、全身狂飆汗，臉上美美的妝花了又補、補了又花，為了在鏡頭前面維持漂亮模樣真的相當辛苦。

志效肩膀曬傷，溫馨提醒ONCE注意夏季防曬

雖然感情要好的TWICE成員們，在拍攝空檔會互相為彼此塗抹防曬乳，想要避免曬傷、曬黑，但陽光實在太猛烈，志效還是被曬傷了，她當時還在Instagram上傳了自己的照片，露出自己曬傷的肩膀，讓人看了十分不捨，她也藉此溫馨提醒ONCE們，夏天外出一定要注意防曬工作，絕對不要像她一樣，曬到光用手輕輕碰觸皮膚都會痛的慘烈程度。

夜間拍攝，蟲蟲來襲，娜璉、子瑜、MINA驚聲尖叫！

不只白天的烈日拍攝特別辛苦，晚上雖然沒有太陽光侵襲，但是夜晚的戶外有不少蟲蟲不請自來地加入她們的拍攝工作，特別是TWICE成員中有幾位特別膽小怕蟲的成員，忍不住在拍攝現場尖叫起來了！娜璉、子瑜、MINA這三人，只要一聽到有蟲飛過來了，就會露驚嚇的表情來，因此夜晚的拍攝仍然是另一種辛苦的體驗啊！而成員之中，有個完全不怕蟲的「女漢子」，那就是外表帥氣的定延。

除了引領 KPOP 歌曲和舞蹈，也帶動髮型趨勢

TWICE 除了吸引男性粉絲外，能夠獲得這麼多女性粉絲的喜愛，除了唱出少女戀愛心事獲得共鳴外，她們的服裝造型和髮型，也是少女粉絲們學習、模仿的典範。以「Dance the Night Away」強勢回歸樂壇時，TWICE 在音樂錄影帶中的髮型多變，而且每一款都很適合炎熱的夏天哦！在短短幾分鐘的音樂錄影帶中，光是子瑜一個人就換了四種不同的髮型，不管是日系女孩偏好的浪漫編髮，或是能輕鬆完成的懶人必備韓式丸子頭、充滿青春氣息的辮子雙馬尾、夢幻長捲髮，每一種風格都非常吸睛，想要嘗試「變髮」的粉絲，真的可以把她們的髮型當做範本參考哦！

迷你六輯《Yes or Yes》同名主打歌，MV短時間破紀錄！

TWICE相隔四個月後於2018年11月5日回歸，推出迷你六輯《YES or YES》，同名主打歌「YES or YES」的音樂錄影帶一公開後，於短短的六小時兩分鐘就大破千萬點擊次數，打破了之前韓國女團BLACKPINK「DDU-DU DDU-DU」音樂錄影帶的紀錄，成了最短時間內MV突破千萬大關的韓國女團！「YES or YES」的音樂錄影帶想必會比之前的歌曲，更快達到超越自我的新紀錄呢！

除了音樂錄影帶創出的佳績之外，「YES or YES」於音源方面的成績，跟之前的主打歌一樣「All Kill」，這是繼「Like OOH-AHH」、「CHEER UP」、「TT」、「KNOCK KNOCK」、「SIGNAL」、「LIKEY」、「Heart Shaker」、「What is Love？」、「Dance the Night Away」後，TWICE在韓國推出的第十首主打歌了。出道三年多，TWICE就推出過十首冠軍主打歌，這種在韓國樂壇上史無前例的紀錄，真的令人刮目相看，每一首歌都是韓國樂迷耳熟能詳的歌曲！

拿不拿冠軍並非最重要，同行之間互相學習

擕迷你六輯《YES or YES》回歸時，TWICE剛好遇到韓國歌手的回歸熱潮，面對多組強勁的競爭對手，出道三年多的TWICE已是心態非常沉穩的歌手，面對壓力已經能夠處之泰然，看待競爭激烈的KPOP市場，隊長志效就表示：「雖然同時遇到很多歌手回歸，但是我們也能透過音樂節目，看到其他歌手精采的演出，藉此能夠學習對方的優點，能和這麼多優秀的歌手一起回歸，我們也和各家粉絲一樣相當期待！」

「YES or YES」的編舞更有力道，但有可愛的反差感

而喜歡追隨TWICE舞蹈的粉絲，最關心的就是歌曲的舞蹈風格了，團中擅長舞蹈的日本成員MOMO說：「『YES or YES』的編舞有很多強而有力的動作，雖然力道很強卻很可愛，因此這支舞蹈有種前所未有的反差感。」其他成員也表示，「YES or YES」的舞蹈真的比以前的歌曲困難，加上又是不曾挑戰過的舞蹈風格，

一開始真的會擔心能否完美消化，但是練習之後會覺得是支讓人跳得開心的舞蹈。

不想 SOLO，只想創作團體歌曲

由於迷你六輯《Yes or Yes》裡頭，不少成員都獻出了個人創作，在大部分偶像團體都漸漸各自 SOLO 發展的趨勢下，TWICE 仍不曾有過 SOLO 的想法。團結毫無私心的她們表示，成員們能一起為了團體歌曲努力格外具有意義。而團中創作次數最多的彩瑛也補充說：「雖然我常常想要學習更多創作的部分，但是並非想創作個人曲目，而是希望能創作更多專屬於 TWICE 的歌曲。」而 2018 年 12 月 12 日，她們於聖誕節、年末之前，再次推出了特別專輯《The Year of "Yes"》，對 2018 年做了完美的總結。

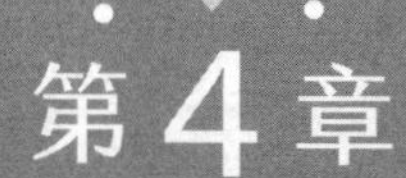

第4章

日本出道過程

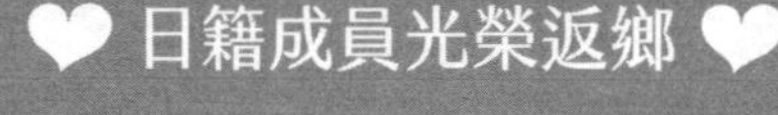

❤ 日籍成員光榮返鄉 ❤

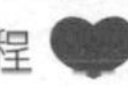

在韓國出道一年多後，TWICE首度進軍日本

2015年10月20日，在韓國正式出道的TWICE，於2017年6月28日也在日本出道了，這對於團中的三名日籍成員來說意義重大，能夠在海外發展有成之後，光榮回到家鄉日本正式成為出道歌手，SANA、MINA、MOMO的喜悅、感動之情難以用言語來形容。特別是能以熟悉的母語日文，站上日本的舞台演唱歌曲，對她們三位日本成員來說，更是長久以來夢寐以求的目標。

櫻花妹成員SANA，MINA，MOMO光榮返鄉

身處異國打拼後，SANA、MINA、MOMO完成了回日本出道的夢想，讓她們覺得原本遙不可及的事情美夢成真了，覺得身處夢境般中美好。而其他非日本籍的成員也因為有這三位日本成員的陪伴，使她們更能毫無畏懼地面對日本粉絲，成功打入日本音樂市場。除了本身勤於學習日文、加強語言能力外，日本成員也時常

教其他成員日文會話，或是陪她們做日常對話練習，所以正式於日本出道時，所有的成員日文都有一定的基本程度。

首張日文專輯《#TWICE》收錄韓文冠軍曲日版

TWICE的日本出道日當天，由日本華納音樂發行了首張日文專輯《#TWICE》，裡頭共收錄了五首韓文冠軍曲的日文版，包括「Like OHH-AHH」、「CHEER UP」、「TT」、「KNOCK KNOK」、「SIGNAL」，每一首都是大家原本就耳熟能詳的歌曲，而專屬於TWICE的這幾首輕快歌曲改編為日文版，讓日本的ONCE聽了更有感覺。由於她們之中有三名日本成員，因此對日本粉絲來說，這組韓國來的女團更具有親切感，而且會有種「想多多支持本國人在異地打拼」的心情。

日文專輯《#TWICE》的歌曲雖然都是韓文原曲改編，但日文歌曲的日文歌詞演唱部分也重新分配了。此外，音樂錄影帶和專輯封面及服裝造型，也都重新拍攝、打造過，完全針對日本市場的需求，做了更符合日本粉絲口味和風格的調整，這麼用心的改變，難怪TWICE在日本一出道，就獲得前所未有的大成功，受歡迎的程度絲毫不輸給當地的日本偶像團體！

東京鐵塔亮「TT」燈光，TWICE首度登上日本音樂節目

TWICE正式進軍日本，不但大張旗鼓與日本著名地標「東京鐵塔」合作宣傳，在鐵塔上還設計了她們的爆紅歌曲「TT」的字樣燈光。TWICE更抽空至東京澀谷的唱片行宣傳，包括連鎖唱片行TOWER RECORDS、HMV和TSUTAYA。最特別的是，當時在東京「澀谷109」百貨公司裡，還有為期一個月期間限定專屬商店

「#TWICE POP UP STORE」，讓喜歡她們的海內外粉絲，都忍不住親自造訪大肆搜刮戰利品呢！

最值得開心的是，2017年6月30日，TWICE首度登上了日本最有名的朝日電視台音樂節目《MUSIC STATION》表演，這個節目平時以日本歌手上節目打歌宣傳為主，是當地相當長壽的音樂節目、收視率也很高。由於節目中鮮少有韓國歌手參與錄製，所以當TWICE要錄製《MUSIC STATION》的消息傳開時，各地粉絲都很興奮，也替她們感到十分開心。

首次登上《MUSIC STATION》表演時，TWICE既開心又緊張，錄影那天，她們特別表演了感染度超高、容易引起流行的「TT」日文版。果然當天她們一表演後，迅速獲得日本觀眾的喜愛，大家也很快地記得這組韓國團體了。而後來她們再推出新作品時，也多次登上《MUSIC STATION》宣傳，對日本的粉絲來說，TWICE團體中擁有三名日本成員，讓電視台和觀眾們都更覺得相當親和，似乎沒有把她們當做外國偶像團體呢！

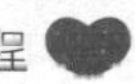

日本出道showcase大成功，一萬五千名粉絲共襄盛舉

其實，在TWICE尚未正式於日本出道前，就有不少哈韓的日本粉絲追隨她們了，因此日本正式出道後的7月2日，她們在東京體育館舉行的《TWICE DEBUT SHOWCASE "Touchdown in JAPAN"》兩場出道活動，吸引了滿場人潮前來，共有一萬五千名粉絲到場參與，這對於剛出道的歌手來說，無非是莫大的肯定。除了出道活動吸引眾多粉絲熱情參與外，最實質的肯定，就是日本最具權威的Oricon公信榜了，她們於專輯發售第一週就賣出十二萬張多，也破了那兩年韓國歌手在日本首週銷售量的最高紀錄。

不僅如此，2017年8月10日，日本出道專輯《#TWICE》銷售一個多月後，出貨量又破了二十五萬的數字，這項優異的成績更讓日本唱片協會特別頒發白金唱片認證。而美國音樂市場方面，TWICE在這時也開始有小小的成績，2017年9月29日，TWICE被美國告示牌Billboard選為「音樂界21歲以下的

代表性歌手」之一，最值得一提的是，該榜裡頭TWICE是唯一上榜的韓國歌手，不愧是為國爭光的韓國女團，發揚KPOP文化不餘遺力啊！

首支日文原創單曲「One More Time」再破紀錄

而TWICE在日本推出的第一首原創歌曲為「One More Time」，該曲收錄在她們2017年10月18日發行的日文單曲《One More Time》中。以全新的歌曲回歸日本樂壇後，她們也努力進行宣傳活動，不枉費她們當空中飛人韓國、日本兩地飛，這張日文單曲作品銷售反應超出預期，光是發行第一天就賣出了近九萬五千張，刷新了韓國女團在日本發行單曲的首日銷售量紀錄！更厲害的是，這張作品在發行銷售兩天後，就打破了韓國女團在日本發行單曲的首週銷量紀錄！之後，日本單曲《One More Time》出貨量更超過二十五萬張，因此她們又再次得到白金唱片認證。

２０１７年10月16日，TWICE透過日本官方網站宣布她們將從隔年1月19日起，在日本六大城市：愛知、福岡、廣島、大阪、東京、琦玉舉行巡演《TWICE SHOWCASE LIVE TOUR 2018》，勤跑不同城市與更多日本粉絲做近距離接觸，也讓她們在當地累積了更多粉絲數，而粉絲們也透過每次的現場演出舞台，見證她們不光是只有外貌的女團，唱歌和舞蹈實力也相當堅強。

登上NHK《紅白歌合戰》，可愛魅力連男偶像都抵擋不了

２０１８年開始，TWICE的人氣在韓國、日本等海外地區都繼續燃燒下去。２０１７年進軍日本市場的TWICE，打破了各種銷售紀錄，更榮耀的是，２０１７年12月31日，她們登上了NHK新年特別現場節目《紅白歌合戰》擔任演出嘉賓，她們在節目中高唱招牌歌曲「TT」，火爆的程度連當時的男主持人「嵐」的二宮和也都忍不住跟著她們一起做了可愛的「TT」招牌手勢，TWICE超強的魅

力連日本男偶像都抵擋不了呢！

TWICE因為有三位日本成員SANA、MOMO、MINA，因此在日本很快就擁有高人氣，特別是登上《紅白歌合戰》節目，讓三位日本成員的家人更覺得與有榮焉。TWICE也是繼女團KARA、少女時代及男團東方神起後，相隔六年之後登上《紅白歌合戰》的韓國偶像團體。而台灣成員周子瑜則是繼歐陽菲菲、翁倩玉、鄧麗君、徐若瑄之後，睽違二十年後，再次有台灣歌手站上《紅白歌合戰》的舞台，周子瑜果然是「台灣之光」。而2018年的年末，她們又再次登上《紅白歌合戰》為日本觀眾演唱一連串的組曲迎接2019年的到來。

第二首日本原創主打歌「Candy Pop」，變身漫畫少女

TWICE的日本出道專輯《#TWICE》和單曲《One More Time》，於2017年前後獲得白金唱片認證，也是第一組在同一年內，日本專輯和單曲都獲得白金認證的韓國女團。因此她們趁勝追擊，新作也沒讓粉絲等待久，雖然工作行程滿檔，但她們緊接著在2018年2月7日推出第二張日本單曲《Candy Pop》，同名主打歌也是日文原創歌曲。「Candy Pop」的音樂錄影帶以動漫風格為主題，MV中每一位成員都被卡通化了，變身為水汪汪的漫畫少女，JYP社長朴軫永更以卡通人物驚喜出現於MV中。充滿動漫風格的「Candy Pop」MV，由日本導演京極尚彥與韓國製作群共同合作，由於在歌曲輕快的節奏中，需要轉換真人和動漫的影像，因此是難度頗高的技術。

日文單曲《Candy Pop》再次創下前所未有的銷售佳績，在單曲發行兩星期後，出貨量已突破四十萬張，刷新了TWICE的自身最佳紀錄。不僅如此，TWICE

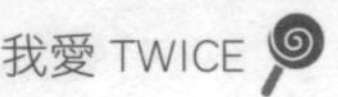

也是第一組於日本發行兩張作品接連奪冠的團體，且是發行第一週就賣破二十萬張的海外歌手，更是第一組連續三張作品都拿下日本白金唱片的韓國團體，所有的數字和紀錄，都顯示出 TWICE 的高人氣和吸金能力無人能敵啊！（註：唱片銷售成績二十五萬張的歌手，可獲頒日本白金唱片。）

第三張日文單曲《Wake Me Up》，更獲雙白金唱片認證

2018 年 5 月 16 日，TWICE 帶著第三張日本單曲《Wake Me Up》回歸日本樂壇，並展開一連串的宣傳行程。《Wake Me Up》在正式發行前的預購量，就高達四十七萬張的佳績，再次突破自身銷售紀錄，在日本 Oricon 公信榜上，也獲得首週單曲銷售排行的冠軍，開賣第一天的銷售數字更超過上一張單曲《Candy Pop》，也突破了歷年來進軍日本的韓國女團中單曲發行首日的最高銷售量。

單曲《Wake Me Up》的發行讓TWICE不斷創下新的紀錄，她們也是第一組在日本Oricon公信榜中連續三支單曲都奪冠的海外團體，且是首週銷售量超過二十萬張的海外歌手。而《Wake Me Up》最後的銷售量更突破五十萬張，因此TWICE成了第一組以單曲專輯獲頒雙白金唱片認證的海外歌手。而這張作品的宣傳尾聲時，TWICE也親自宣布，她們於9月29日起，在日本四大城市：千葉、名古屋、神戶、東京舉行第一次的日本巡迴演唱會《TWICE Arena Tour 2018》。

日本出道週年紀念，感謝ONCE陪伴各種「第一次」經驗

TWICE於2018年6月底，特別慶祝了日本出道一週年的日子，隊長志效感性地表示：「都是託ONCE的福氣，TWICE在日本順利出道一年了，感謝大家！」日本成員MINA有感而發地說：「回想起來這一年來在日本打拼的日子，感覺不短也不長，這段期間內，TWICE發行了幾張專輯，也舉辦了巡迴演出活動，

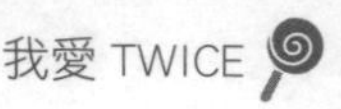

真的充滿了各種美好的回憶，這些回憶對我們來說都相當珍貴！」另一名日本成員SANA則說：「如果沒有ONCE支持我們，就沒有現在的TWICE，再次謝謝各位對我們的支持，我們也會繼續努力回報大家給予我們的愛。」同為日本成員的MOMO也說：「在日本出道的一年來，TWICE推出了第一張日文作品，也經歷了第一次參與日本音樂節目《Music Station》錄影的經驗，更在日本舉行了第一場演唱會。各種『第一次』都順利平安完成了，感謝ONCE在這些重要時刻陪伴我們一起度過。」

首張日語正規專輯《BDZ》發行，LINE MUSIC給予各項肯定

2018年9月12日，TWICE的首張日語正規專輯《BDZ》發行了，同名主打歌「BDZ」的音樂錄影帶公開當日就登上LINE MUSIC的冠軍，除了正規專輯一

推出就不同凡響、獲得肯定，在專輯發行前，LINE MUSIC 也宣布了2018年上半年的榜單中，TWICE 的第二張日文單曲《Candy Pop》獲得 TOP 10 榜上第三名的好成績。而 LINE MUSIC 發表的2018年上半年音樂排行榜上，TWICE 更拿下了人氣歌手榜「ARTIST TOP 3」的第一名。此外，專輯內的主打歌「BDZ」和其他收錄曲，佔據了 LINE MUSIC 排行榜的前10名，打破了韓國女團在這個排行榜的紀錄。這些驚人的紀錄都可顯示，TWICE 完完全全在日本佔有一席之地。

試映活動回顧出道歷程，TWICE 當場熱淚盈眶

首張日語正規專輯《BDZ》發行前，TWICE 於9月2在日本東京舉行了的《BDZ》試映活動。活動上，有許多粉絲共襄盛舉，TWICE 在現場與大家分享了許多在日本出道以來的珍貴畫面，皆以紀錄片的方式一一呈現。成員們看著一年多來於日本出道的歷程都十分感動，看著大螢幕上的種種經歷，令她們回想了許多事

情，有開心也有辛苦的部分。成員定延和多賢看著看著，甚至忍不住當眾哭了起來，而粉絲們見到偶像的成功並非偶然，是一點一滴努力累積而成的，看著她們辛苦的過程也感同身受、感動不已。

驚喜畫面洩漏更多 TWICE 成員們的私下個性

試映活動上，透過螢幕播放了不少 TWICE 在日本工作的幕後花絮，娜璉還大方坦言：「《BDZ》的紀錄片中，雖然收錄子瑜跳錯舞蹈的畫面，但實際上，跳錯的不只是子瑜一人，而是所有的成員都跳錯了！」此外，為了回饋日本的粉絲，這天的試映活動還有令人意想不到的驚喜畫面，都是平時看不到的獨家內容，例如：成員們私下在練習室努力的樣貌、上台表演前成員們互相加油的真誠模樣，或是在日本舉辦擊掌會的活動紀錄。從這些驚喜的影片裡，跟著她們一起回顧日本出道的過程，有笑有淚，是最珍貴的紀念。

因為有ONCE存在，TWICE才能在舞台上閃耀光芒

三位日本成員回到家鄉日本打拼的心情，肯定比其他成員還要不同，回到日本進行活動充滿了各種難以言喻的感動，其中一位日本成員SANA就特別有感觸，她有感而發當場哽咽地說：「TWICE於日本出道的時間並不長，今天看著出道以來回顧的影片，深刻感覺到我們是因為ONCE的支持，才能擁有這麼多美好的回憶。因為有ONCE存在，TWICE才能在舞台上閃耀光芒！」

台灣和日本兩地，原本就有許多文化上的交流和影響，因此台灣成員子瑜雖然不是日本人，但也對於在日本出道順利的一切感到不可思議，她說：「看著TWICE在日本出道以來的種種畫面真的好感動，日後，我也想繼續與粉絲們一起創造更多美好的回憶。而且現在光是這樣想著，就覺得自己真的無比幸福。」

《BDZ》專輯中有首歌曲名為「Be as ONE」，描寫的內容與TWICE、

ONCE的感情十分貼近，因此成員們都不約而同表示特別喜歡這首歌，歌詞裡提到「因為有你在身邊，我才毫不迷惘地走到現在。即便是未曾停止的悲傷，只要牽起手祈禱就不會感到懼怕，讓我們的心合而為一，Be as ONE……」，TWICE表示，聽這首歌的時候、唱這首歌的瞬間，都會想到ONCE一直在身邊陪伴她們，因此覺得特別感動。

MINA甚至說：「這首歌真的太符合我們和ONCE之間密不可分的關係了，我每次聽這首歌必哭，而這首歌曲跟《BDZ》的紀錄片也十分符合，真的很謝謝粉絲們一路上對我們的支持。」於東京舉行的試映活動上播放的影片，也在TWICE的官方YouTube頻道公開了，想要回顧TWICE的日本出道史嗎？趕快上網一探究竟吧！而2018年12月26日，《BDZ》還特別推出了改版專輯，更再次寫下極佳的銷售紀錄。

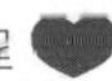

韓團第一！TWICE在日本連續六張專輯拿下白金唱片

最值得開心的是，TWICE的首張日語正規專輯《BDZ》銷售成績非常好，根據日本Oricon公信榜顯示，首日銷售量高達近九萬張，已打破韓國女子團體在日本發行的首日專輯銷售紀錄，而她們更在當月以近二十三萬張的成績奪下「專輯銷量月排行榜」第一名。此外，TWICE於專輯宣傳期結束後，接著於9月29日起，於日本舉辦了《TWICE Arena Tour 2018》巡迴演唱會，藉由巡迴演出，讓更多日本粉絲都能親眼欣賞她們的舞台。更令人驕傲的是，TWICE在2019年3月6日於日本發行的第二張精選專輯《#TWICE2》，也獲得白金唱片認證，成了首組在日本連續六張專輯都拿到白金唱片的韓國偶像團體。

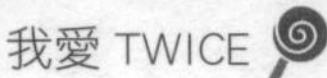

演唱日劇《深夜的奇葩戀愛圖鑑》主題曲

TWICE於2018年10月下旬，在日本推出了新曲「STAY BY MY SIDE」，這首歌曲對她們來說別具意義，因為被選為日劇《深夜的奇葩戀愛圖鑑》的主題曲，這也是TWICE進軍日本音樂市場後，首度為日劇演唱主題曲。《深夜的奇葩戀愛圖鑑》由同名人氣漫畫改編，原著漫畫在20～30歲的日本女性中有著高人氣，而TWICE演唱的「STAY BY MY SIDE」，正表達了女生陷入愛情後的心情，與這部日劇的劇情非常吻合。而這首日劇主題曲「STAY BY MY SIDE」，收錄於TWICE於12月26日發行的首張日文正規專輯的改版專輯《BDZ -Repackage-》中。

TWICE成員化身美麗空姐，搭上這班飛機根本不想下來啊

擅長企劃偶像周邊商品的日本唱片業，針對TWICE的粉絲於2018年10月推出專屬於TWICE的周邊商品，企劃主題以「TWICE Airlines（TWICE航空）」為主，九位成員化身為漂亮的空姐，穿上空姐制服排排站，大秀姣好的身材和美腿，讓粉絲們看了都直呼驚艷、大喊美呆了，不少粉絲還表示，如果在飛機上遇到這樣的空姐，根本不想下飛機呢！以「TWICE AIRLINES」為主題的周邊商品，包括2019年的年曆、T恤、護照套……等多樣化的商品，TWICE如此漂亮的空姐造型，真的很難讓人不收藏啊！

而ONCE們看到TWICE的九位成員變身為空姐，也認真評論起誰的樣子最像真的空姐？其中，年紀最小、個子最高的台灣成員子瑜，因為擁有九頭身的黃金比例，因此讓粉絲們覺得最完美。而隊長志效、日本成員MOMO雖然沒有子瑜的身高，但她們笑容可掬的表情和專業的POSE，也令粉絲們覺得很有空姐氣勢呢！最

重要的是，很多粉絲都紛紛向航空公司喊話，希望能趕快找 TWICE 當代言人，而韓國藝人包括東方神起、金秀賢、李敏鎬、宋仲基等人，之前也都擔任過航空公司的代言人，且肖像出現在機身上過，期待有一天，也能看到 TWICE 的肖像出現在飛機上囉！

韓國女團首例！TWICE 舉行日本「巨蛋巡演」

TWICE 於日本出道以來，已進行過多場巡迴演出，不過在2018年10月17日於日本東京舉行的《TWICE 1st ARENA TOUR 2018》巡演最終場演出尾聲時，她們帶來了令人驚喜的好消息，TWICE 正式宣布，她們將於2019年開始，舉辦日本巨蛋巡迴演唱會，預計在東京巨蛋舉辦兩場演唱會，並在名古屋、大阪京瓷巨蛋各舉辦一場，而 TWICE 也成為第一組於日本舉辦巨蛋巡演的韓國女子團體，再次為她們的音樂歷程創下新的紀錄（註：2019年1月23日，JPY 娛樂表示，

為了回報粉絲的聲援，決定在大阪京瓷巨蛋追加一場，共五場巨蛋巡演）。

在日驚人紀錄，再次超越前輩女團

非常難得的是，TWICE才在日本出道一年多，就有如此驚人的能力和人氣舉行巨蛋巡迴演出，這個紀錄超越了到日本打拼過的韓國女團前輩KARA、少女時代。回顧前輩之前的紀錄，KARA和少女時代都曾攻進東京巨蛋開唱，但都僅此一場，而非「巨蛋巡演」。攻下巨蛋這個場地而且不只一場，對TWICE來說是長久以來夢想的實現。在日本出道之前，TWICE曾在東京晴空塔（Tokyo Skytree）遠望東京巨蛋，許下了「希望未來TWICE能唱進東京巨蛋」的願望，沒想到這個目標就在2019年達成了！

能夠進行日本的「巨蛋巡演」對日本成員意義更是重大，SANA過去就曾不只一次提及自己最大的夢想是「唱進東京巨蛋」。台灣成員子瑜也曾在日本出道一

週年時對粉絲們表示：「希望 ONCE 和 TWICE 一起以東京巨蛋為目標努力往前邁進！」而唱進巨蛋除了為 TWICE 的紀錄再添一筆，子瑜也成為第一個登上東京巨蛋舞台的台灣歌手，因此，這不僅僅是 TWICE 的新紀錄，也是台灣籍歌手在日本樂壇創下的一筆新紀錄。

第5章

志效

❤無可取代的隊長❤

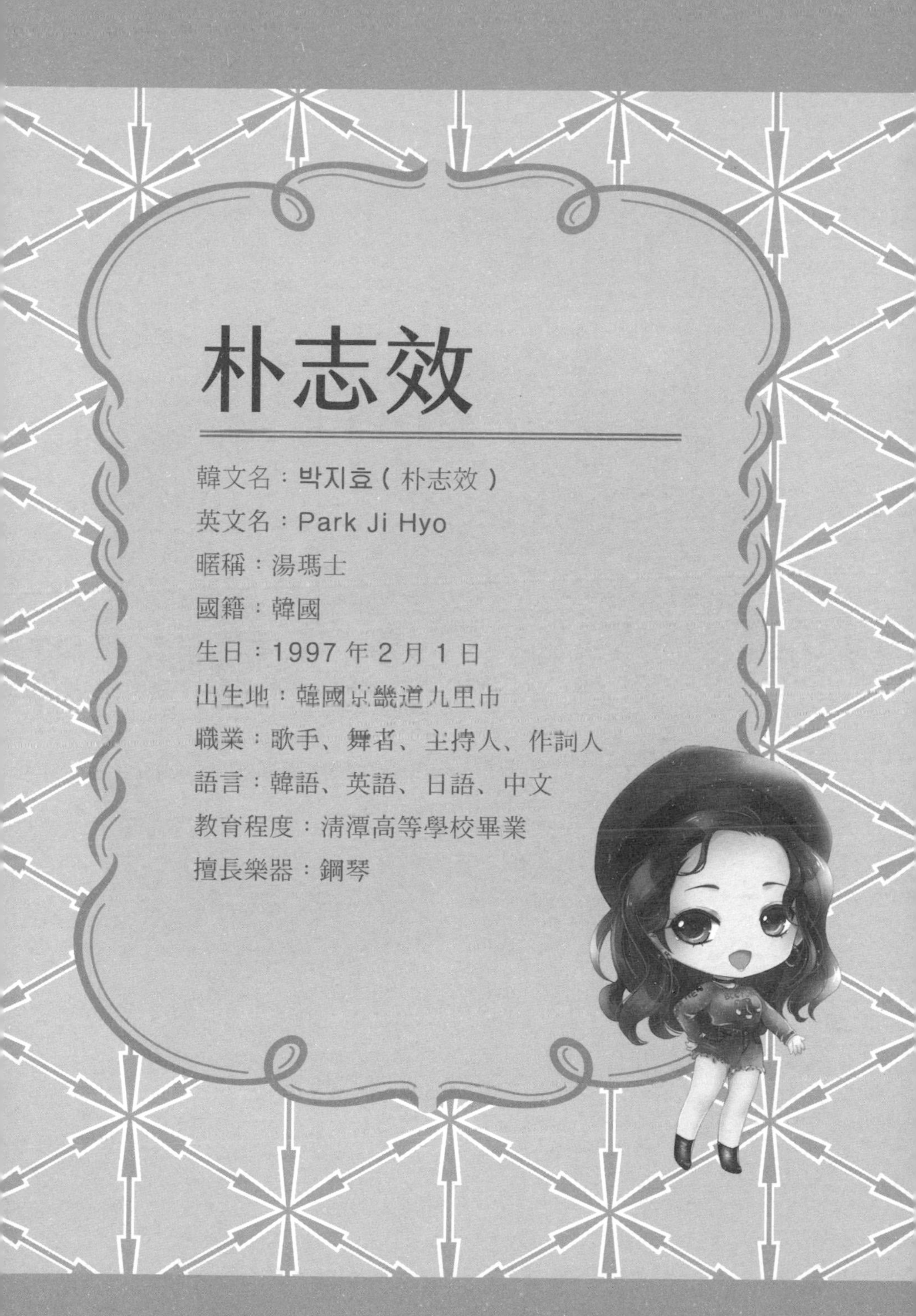

朴志效

韓文名：박지효（朴志效）

英文名：Park Ji Hyo

暱稱：湯瑪士

國籍：韓國

生日：1997 年 2 月 1 日

出生地：韓國京畿道九里市

職業：歌手、舞者、主持人、作詞人

語言：韓語、英語、日語、中文

教育程度：清潭高等學校畢業

擅長樂器：鋼琴

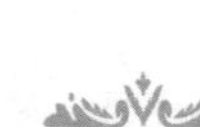

大眼女孩兒，讓人一眼就難忘

TWICE之中最不可或缺的一名成員就是隊長志效，眼睛又大又圓、睫毛長得像洋娃娃的她，從小就被人誤會是混血兒，讓人一眼就難忘。臉上總是堆滿笑容，相當討人喜愛，這些就是她的正字標記！不僅如此，她還擁有健康的膚色和豐滿的好身材，而且看過她童年照片的人，都知道她是個天然的美人兒，而其他團員也被比對過兒時的照片，TWICE成員們全都是母胎美人，在韓國這個整形普遍到不行的國家，這團全都天然美女，相當令人稱羨！

不過，為什麼志效仍被成員們和粉絲們認為是出道以來，外型變化最大的一位成員呢？如果你是TWICE的出道飯，應該都知道志效在《SIXTEEN》生存節目參加選拔時，就常常因為略胖的身材被評審直言要好好管理體態才行。即使她隨著TWICE出道後，已經比原本的身形窈窕許多，但之前仍被無情的網友們批評是團中的美貌黑洞，真是十分傷人又不負責任評論啊！

嚴格控制飲食和勤於運動，維持身材的不二法則

面對各種批評聲浪，壓力不小的志效，因堅忍不拔的毅力和樂觀的性格，一直很努力改變自己，對飲食和運動格外注意。因此，每次TWICE回歸樂壇時，大家都能看到志效的努力，因為她的身材曲線一次比一次好，明顯可以感覺出她十分在意自己的存在是否能幫TWICE加分。2018年的暑假，TWICE以專輯《Dance The Night Away》回歸時，志效的臉型瘦到變尖下巴，瓜子臉蛋配上深邃的水汪汪大眼，完全是超級美人兒啊！

面對韓國演藝圈激烈的競爭，每位女明星都在拼瘦、拼身材的環境之下，志效的辛苦，讓很多女藝人都感同身受，而大家都有一套獨門的瘦身方法。志效就曾不吝嗇地分享了自己的減肥方法是控制飲食和勤上健身房，她認為，這是最簡單，但也最有效的減肥方法，只要少吃一點、多運動一些，就能成功剷肉、擁有好身材。

志效的減肥毅力連 TWICE 的成員都看在眼裡，相當佩服，還掛保證說志效只要說不吃就絕對連一口都不會吃，絕對不會禁不起誘惑。而且就算工作行程再怎麼累，只要一結束工作，她還是會去健身房報到鍛鍊身材！也因為志效的持之以恆，原本有著可愛嬰兒肥的她，現在完全是性感滿分的身材，說她是團中女神等級的成員，絕對一點也不為過啦！

家人外貌基因太強大，妹妹也有雙水汪汪大眼

志效曾在生日當天，開心地在她的社群網站上，上傳多張照片和粉絲們分享！在全家福的大合照中，粉絲們驚喜地發現志效全家人都是帥哥美女，直呼家族的外貌基因太強大，也大讚志效的家人擁有姣好的面貌，尤其是兩位妹妹和她一樣都擁有水汪汪大眼睛，讓人更加期待妹妹們以後的美貌，可能也不輸給姊姊志效呢！

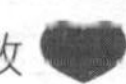

年齡排行第五、練習時間長達十年，隊長的不二人選

通常韓國偶像團體中的隊長，都以年紀最長的成員為隊長，但在TWICE中卻是年齡大小排行第五的志效擔任隊長，主要是因為她的性格最適合領導其他成員，因為她是團中練習時間最長的一位。在JYP娛樂裡，志效從十歲開始就擔任練習生，練習時間長達十年之久，毅力真的相當驚人，比她早出道的同期練習生不少，例如：以女子團體miss A出道的智秀，以及曾以Wonder Girls一員出道、現在成為SOLO性感女歌手的善美。

原本預定以演員出道，想不到以歌手出道大成功

在進入JYP娛樂擔任練習生之前，志效就有過演藝經歷，她在八歲的時候擔任過廣告模特兒，因此，她從小面對鏡頭就毫不畏懼。雖然她現在是能歌擅舞的女團

隊長，但一開始進入公司時，她原本是計畫待在演藝部門，朝演員之路邁進，為此更接受了長達七年的演員訓練，後來才轉為歌唱部門的練習生。在經過三年的歌唱訓練後，原以為能在2014年以女子團體6MIX出道，但卻因為成員的變動讓計畫生變。

直到2015年，志效和其他公司的練習生，一起參加《SIXTEEN》生存節目，她才漸漸嶄露頭角，獲得出道的機會。一開始，她在節目中就有「十年練習生」的外號，而她的好歌喉也很快被注意到，但她卻因為體態不夠完美而被吃了不少虧，還好她最後還是憑著自己的實力和慢慢累積的人氣，最後順利入選為TWICE的成員。後來還在團中票選隊長時，擊敗了年紀最長的娜璉、定延成為TWICE的隊長。而這位隊長一路走來，受到成員們和粉絲們大力讚賞，在各種場合上，都可以看到志效優異的領導能力，將成員們照顧得無微不至。

給予成員無微不至的照顧，就算膝蓋受傷也在所不惜

TWICE出道至今，多以團體活動為主，在她們自己的活動上，鮮少請來主持人，多半由隊長志效負責主持和控制全場的工作，她在口條方面非常穩健，不但很會帶動氣氛，掌握活動時間和流程也毫不馬虎，讓看過她主持的人都見識到她的主持功力。此外，2016年7月時，她曾以個人身分參加第三十五代《神祕音樂秀：蒙面歌王》，歌聲受到好評的她，卻意外地在第一輪票選時以三票之差落敗，相當可惜，許多粉絲也很期待她之後在歌唱方面能有更多表現！

在團中像媽媽般存在的志效，身為隊長總是主動扛下許多大小事情，最讓粉絲們印象深刻、心疼不已的，就是她為了不擋住其他團員，經常跪著拍合照，導致膝蓋受傷。回顧2017年3月，剛好是TWICE結束《Knock Knock》宣傳期時，志效因為接受關節手術，所以暫停了某些活動。雖然隔月志效就隨TWICE到海外工作，但在泰國曼谷、新加坡的演唱會上，她因腳傷尚未痊癒而全場坐著表演，無法和成員們一起跳舞演出，讓她覺得有點自責。

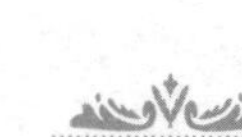

斜槓偶像多方嘗試個人活動，演唱會、作詞、攝影樣樣來

雖然 TWICE 成員多半以團體活動為主，但因為志效經過比其他成員還多年的練習生生活，所以她的舞蹈和歌唱實力都非常紮實，因此於2017年8月21日，志效開始了自己的個人活動，透過《Melody Project》她舉辦了專屬於自己的個人小型演唱會，在自己的舞台上，她展現了有別於自己在 TWICE 的魅力，讓大家看到她獨特的歌唱、饒舌實力，也翻唱其他歌手的歌曲。而2017年11月，志效除了在「LIKEY」音樂錄影帶擔任攝影師，也與另一名成員娜璉一起為歌曲「24/7」填詞，還曾把自己與家人一起到濟州島夏日旅行時看到美麗夕陽的心情創作成歌曲「SUNSET」，甚至還推出個人攝影集《To ONCE From JIHYO》。

第6章

定延

❤帥氣魅力男女通殺❤

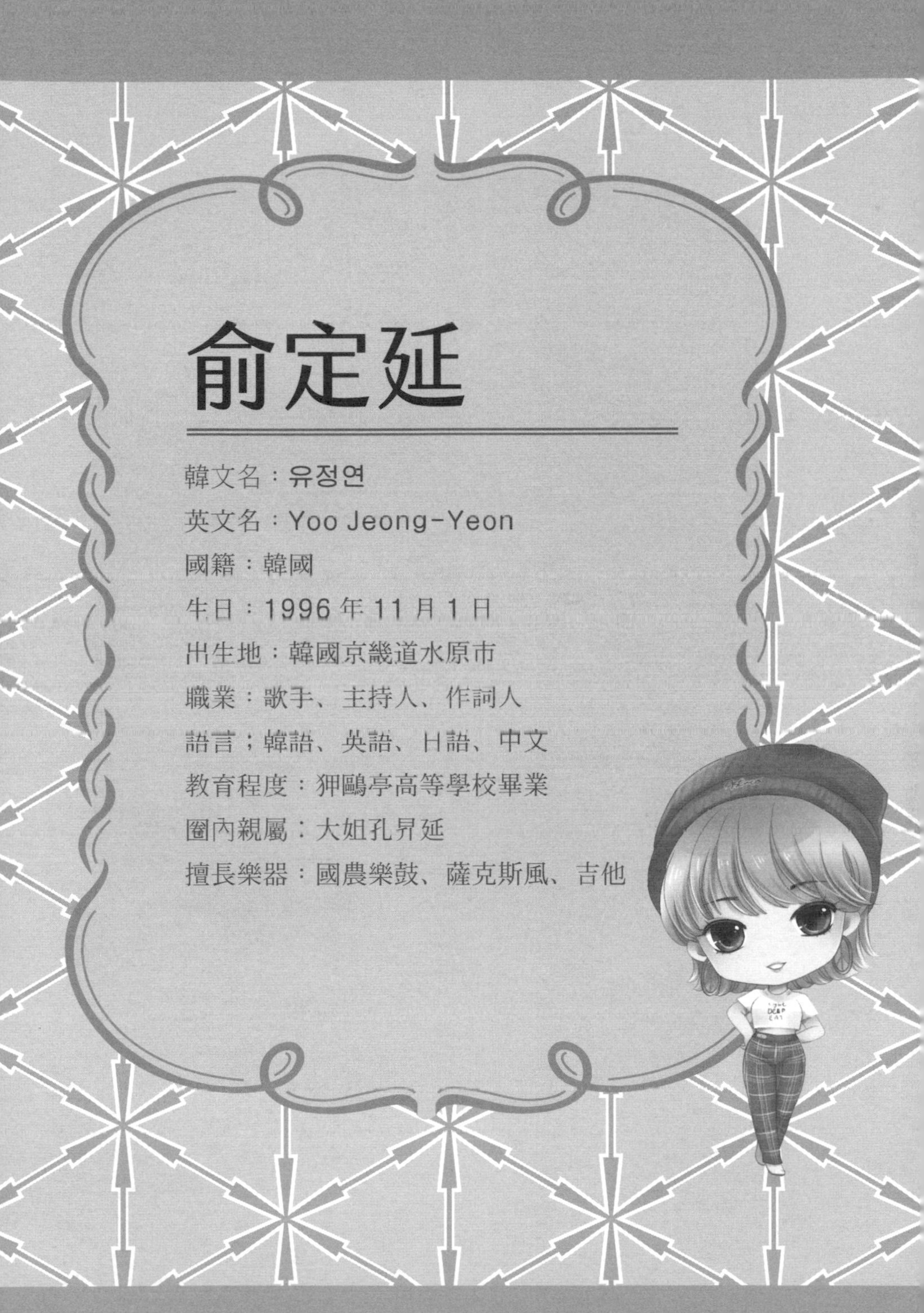

俞定延

韓文名：유정연

英文名：Yoo Jeong-Yeon

國籍：韓國

生日：1996 年 11 月 1 日

出生地：韓國京畿道水原市

職業：歌手、主持人、作詞人

語言：韓語、英語、日語、中文

教育程度：狎鷗亭高等學校畢業

圈內親屬：大姐孔昇延

擅長樂器：國農樂鼓、薩克斯風、吉他

定延的家庭背景，姊姊是演員，爸媽是餐飲界達人

在 TWICE 團體裡排行第二大的定延，在家中卻是三姊妹中的忙內（老么），而她的大姊孔昇延是 BH 娛樂公司的簽約藝人，之前更待過韓國最知名的經紀公司 SM 娛樂當過七年練習生，很早就接觸演藝圈了。孔昇延出道後，多於戲劇圈發展，也參與過綜藝節目和主持工作，與以女子團體 TWICE 出道的妹妹定延是不同路線的發展，而現在姊妹倆人各自有一片天，感情也十分要好。而家中的二姊雖然沒有進入演藝圈，但之前曾不小心曝光過，與定延、孔昇延一樣是個美女哦！

定延的爸爸是韓國知名餐廳主廚俞昌俊，媽媽也從事餐飲業，在韓國開設了日本料理店，在耳濡目染之下，定延很早就開始學習廚藝。出道之後，定延與子瑜就曾一起上過電視節目《拜託了冰箱》，在節目中遇到很多知名大廚的她一點也不畏懼，因為她從小就看著家中的大廚爸爸在廚房忙進忙出，早已習慣那樣的場面。定延的爸爸也曾因為《拜託了冰箱》的主廚李連福休假而擔任節目的特別廚師，擁有

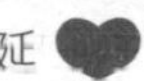

二十五年主持經驗的他，各國料理都難不倒他，而他也因有兩位女兒是藝人，被韓國民眾稱為「國民岳父」。定延的爸爸相當以兩個藝人女兒為榮，更毫不諱言自己的眼中最漂亮的人就是自己的女兒。

入行過程並不順利，一度放棄夢想到麵包店打工

定延踏入演藝圈的過程不是非常順遂，她小時候曾參加過 JYP 娛樂的徵選落榜過，後來再次參加試鏡，才得到擔任練習生的機會。至於為什麼她選擇再次到 JYP 娛樂徵選呢？擁有不服輸個性的她曾表示：「在哪裡跌倒，就要從哪裡爬起來！因此，更激起了我要再次去 JYP 娛樂挑戰的念頭！」於是，定延從 2010 年3月1日起，正式開始了 JYP 娛樂的練習生生活。與 TWICE 的隊長志效一樣，定延也曾經是 JYP 娛樂預計於 2014 年推出的女團 6MIX 的預備成員之一，不過因為計畫生變，團體也因此解散。那段期間，定延其實非常消沉，原本滿懷希望以為能出道的心情被打落谷底，有段時間她跑去麵包店打工，想過要放棄演藝圈的夢想。

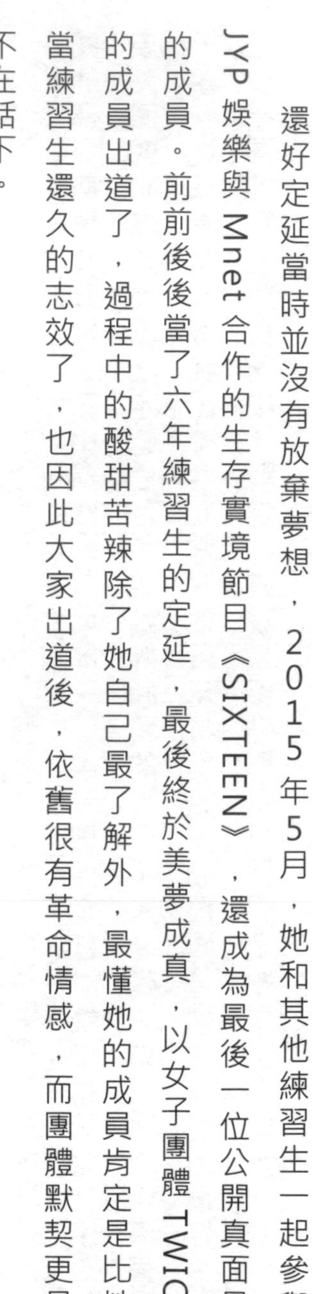

還好定延當時並沒有放棄夢想，2015年5月，她和其他練習生一起參與JYP娛樂與Mnet合作的生存實境節目《SIXTEEN》，還成為最後一位公開真面目的成員。前前後後當了六年練習生的定延，最後終於美夢成真，以女子團體TWICE的成員出道了，過程中的酸甜苦辣除了她自己最了解外，最懂她的成員肯定是比她當練習生還久的志效了，也因此大家出道後，依舊很有革命情感，而團體默契更是不在話下。

馬尾造型驚艷粉絲，新年願望是留長髮！

定延從TWICE一出道開始，就是團中辨識度最高的成員，因為她的招牌形象是一頭帥氣的短髮和巴掌大令人羨慕的小臉，而全員只有她一人是短髮，自然讓人對她的第一印象特別深刻。在女團之中，以短髮形象出現的成員，總是讓人最有記憶點，而她爽朗的性格也如同外貌一般吻合。不過，在留了很久的短髮後，定延之

前曾在新年時許下了留長髮的願望，原來帥氣的她內心也有「長髮公主」的夢想呢！而目前為止，雖然定延留長髮的願望尚未實現，但之前她已在日本的演唱會上試過水溜，接上髮片綁了俏麗的馬尾，讓許多粉絲看了都大大讚賞一番，直呼定延留長髮一定也很漂亮！

定延的演員姊姊孔昇延，姊妹倆搭檔主持音樂節目

TWICE一出道，除了定延的短髮引人矚目外，大家都知道她的親姊姊是娛樂圈的演員前輩孔昇延，在出道showcase上，媒體曾問定延，姊姊給了她什麼踏入演藝圈的相關建議嗎？定延表示：「姊姊和我的形象不太一樣，對於我進入演藝圈一事，她只常常提醒我說，要我好好地展現特別專長的那面，就會表現地很好。」至於親姊姊同在演藝圈中，對定延來說是優點還是缺點呢？她說：「姊姊比我先出

道，所以我出道後，我們是姊妹的消息也傳開了，能和姊姊的名字一起出現在媒體或報導上，感覺很奇妙也很好。」

由於TWICE一出道就大紅，因此即使當時還是新人女團，就有許多工作接踵而來，其中包括了成員們的個人活動。出道不到一年時，2016年3、4月份，定延曾和彩瑛一起擔任過Mnet《M! Countdown》的實習主持人，過了不久後，同年的7月3日開始，定延就與身為演員的親姊姊孔昇延、男演員金敏碩，一起擔任了SBS電視台音樂節目《人氣歌謠》的主持工作。定延表示：「能與親姊姊一起主持節目，確實是非常難得又特別的經驗。」而定延的初次主持表現也可圈可點，受到不少粉絲們大力肯定。同年，這對姊妹花還因為《人氣歌謠》的主持工作，獲得了年末《SBS演藝大賞》的「女子新人獎」呢！

定延和姊姊孔昇延一起擔任SBS電視台音樂節目《人氣歌謠》的主持期間，時常被韓國媒體相提並論，曾有媒體好奇定延的爸爸是知名廚師，在家中她們應該常

常大吃美食，但為什麼姊妹倆人的身材都管理得很好、那麼纖細，而且看起來好像都吃不胖？定延當時很誠實地回答說：「身為女子團體的成員之一，公司都會嚴格要求我們做體重管理，所以我不是吃不胖的體質，而是真的嚴格控管了。但姊姊她真的是天生吃不胖的體質，所以擁有好身材，可能她比我幸運，遺傳了媽媽天生纖細的身材。」

定延、孔昇延的感情十分要好，當初她們知道要一起接下主持重任時真的相當開心，而且還怕因為她們感情太好不小心排擠另一位男主持人金敏碩，所以事前就約好要開一個專屬於三人的群組，關於工作方面的討論都一定要三人一起進行才行，姊妹不能搞小圈圈。而回想當時，這組新鮮的主持組合初登場時，他們還特別練了一段舞蹈演出，但因為那時三人的行程人難湊在一起，因此竟然是節目當天之前才進行完整的彩排呢！而他們的主持工作一直到2017年1月22日，才因為其他工作安排考量而離開。

姊妹倆再次合作，共同演唱電影主題曲

2018年10月，孔昇延參與了微電影《My Dream Class》的演出，她和妹妹繼之前的主持工作後，一起合唱了電影主題曲「像星星一樣（Like A Star）」。《My Dream Class》是孔昇延第一次接拍的電影作品，之前她曾參與過不少電視劇演出，包括《Master-麵條之神》、《Circle：相連的兩個世界》、《My Only Love Song》、《你也是人類嗎》，演技表現十分不錯。繼搭檔主持和合唱電影主題曲之後，姊妹倆未來還會有什麼樣的合作機會，也讓許多粉絲都相當期待呢！此外，定延在同年11月初TWICE發行的迷你六輯中，也寫了「LALALA」的歌詞，再次展現創作的才華。

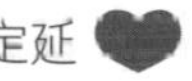

團中的搗蛋鬼，最愛捉弄日本成員MOMO

定延時常給人男孩子氣的印象，在TWICE團中她是有名的搗蛋鬼，常常捉弄成員把人逗樂，定延還曾經透露團中最喜歡整的對象是MOMO，她說：「每次捉弄她都能得到很大的反應回饋，看她反應這麼誇張，真的相當有趣啊！」定延私下喜愛的服裝也跟她的個性非常接近，她曾大方透露，自己的衣櫃打開來，幾乎都是黑色的衣服，而且擁有很多別人眼中看起來會覺得是一模一樣的黑色T恤。喜歡單一顏色且還是中性的黑色，加上偏愛T恤的款式，這與定延給人的帥氣印象十分吻合呢！

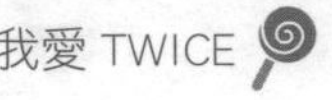

首次嘗試作詞，「LOVE LINE」洩漏少女心事

2017年10月30日，TWICE推出的《Twicetagram》專輯中，收錄了定延第一次獻出歌詞創作的歌曲「LOVE LINE」，當時她開心地介紹說：「這是我首次作詞的歌曲，作品之中，完全展現了我感性的另一面，可以藉由歌曲發現我內心少女的面貌哦！」歌詞中提及「我顫抖的聲音失去控制，紅紅的雙頰也無法隱藏，就算想變酷變冷靜，也無法埋藏對你的心意，也許這就是愛吧！」，完全是少女心大發的內容，如果不特別說這是她的創作，真的很難令人聯想是出自定延之手呢！

喜歡在家運動，愛吃更懂吃

定延最滿意自己的部位，除了又長又細的美腿，就是笑起來展露出的一口整潔白牙。談起自己的興趣時，定延毫不猶豫提及在家運動的便利性，還告訴大家，在韓國很流行把自己在家運動的影片上傳SNS與大眾分享，大推在家運動的好處呢！由於爸爸是很有資歷的主廚，大家也曾好奇定延對食物的偏好，沒想到她最愛的料理是相當平易近人的「豬肉泡菜鍋」，此外她對於日本料理也十分喜愛，最喜歡的是媽媽店裡的海鮮丼，定延果然是個吃貨，不僅愛吃而且很懂得美味，如果能跟著她吃，相信絕對不會踩到地雷哦！

第 7 章

多賢

❤綜藝擔當潛力無限❤

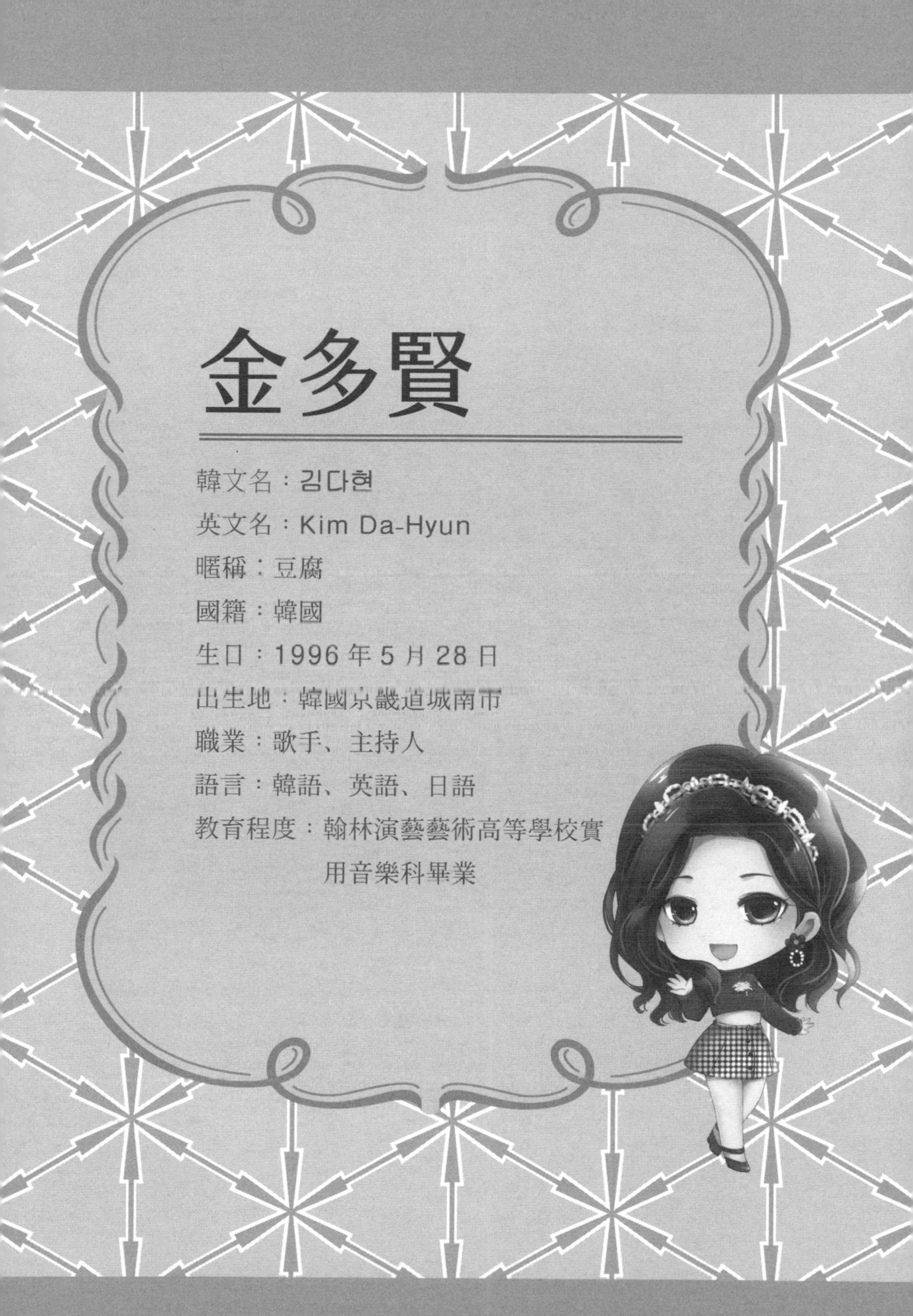

金多賢

韓文名：김다현

英文名：Kim Da-Hyun

暱稱：豆腐

國籍：韓國

生日：1996 年 5 月 28 日

出生地：韓國京畿道城南市

職業：歌手、主持人

語言：韓語、英語、日語

教育程度：翰林演藝藝術高等學校實用音樂科畢業

出道前的經歷，十四歲容顏讓粉絲大驚沒變過

開朗活潑的多賢，擁有一張稚嫩的臉龐，雖然她不是團中最亮眼的外貌，但是她非常耐看又具有無可取代的親切感，因此很多粉絲都對她這種魅力深深著迷。多賢是在國中二年級時參加 JYP 娛樂的徵選而成為練習生，一開始她和志效一樣，是進入演藝部門訓練而非歌唱部門。而從小就對表演很感興趣、有天賦的多賢，在參加 JYP 娛樂的徵選前，也曾參加過 SM 和 YG 娛樂的徵試入選，因此她的演藝才能早在出道前就獲得各公司的認可了。

熱愛表演的多賢，在十四歲那年曾經隨南韓的教會四處表演，之前有個男網友翻起舊照片時，驚覺自己跟當今火紅的女團 TWICE 成員多賢合照過，他回憶起之前在教會看到多賢的演出表示：「那時看到這個女孩在台上展現了精湛的舞藝，所以我就跑到後台說想和她合照。」男網友在網上大方分享這張合照後，羨煞不少 ONCE，而粉絲們更驚覺，當年十四歲的多賢，竟然跟現在的樣貌差不多。除了再次證明多賢的天然美之外，也羨慕她天生稚嫩的娃娃臉啊！

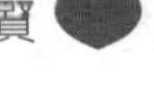

「老鷹舞」引起廣大討論，新一代瘋癲舞者的最佳代表

不只長相稚嫩，單眼皮的多賢因為皮膚特別白皙而有「豆腐寶」的外號，而且最讓人羨慕的是，她是曬不黑的體質呢！多賢跟之前Wonder Girls中深受朴軫永疼愛的昭熙是同款的韓國標準型美女，但多賢的個性可不像一般白皙女孩或昭熙給人的那種文靜形象，而這就是多賢的反差魅力之一，長相白淨但卻活潑外向。多賢曾因為一人獨跳「老鷹舞」在《SIXTEEN》選秀生存節目中引起廣大話題，連朴軫永都開玩笑說，如果徵選之前，看過多賢這段搞笑的「老鷹舞」表演，絕對不會讓她入選，不過老闆說歸說，還是大讚她很有演藝天賦、是天生當明星的料。

當時的觀眾和粉絲們非常喜歡多賢的「老鷹舞」，想當然也引起了一陣模仿風潮，很多粉絲更說，JYP娛樂之前的2am趙權、miss A的Min以跳瘋癲的舞蹈出名，當時趙權還有「瘋權」的外號，而這麼多年後，能夠成為瘋癲舞蹈接班人的就是多賢了，而她因「老鷹舞」受到關注，因此有「老鷹女」的外號呢！而團中的

忙內子瑜，也曾在綜藝節目《一週偶像》模仿過這段舞蹈，讓大家大開眼界，更驚訝地表示：「原來文靜的子瑜，也有綜藝潛能，完全突破形象啊！」

擔任師兄MV女主角，出演韓綜完全拋開偶像包袱

多賢當練習生的時間約三年，在出道之前，她於2014年參與同公司男團GOT7「Stop Stop It」的歌曲MV，而且還擔任了女主角，這支MV裡頭還可看到TWICE其他成員MINA、MOMO、彩瑛、子瑜的身影哦！2015年，多賢和MINA、MOMO也參與過2PM祐榮的日本單曲「R.O.S.E.」的MV演出。在出道之前，多賢就是勇於展現自我魅力的女孩，對於自己的工作要求也很高，是個在事業方面頗有目標和野心的成員。

多賢的多重魅力不僅止於舞蹈和歌唱，她自然搞笑的樣子時常帶給粉絲歡笑也

是受到喜愛的重要原因。某次，多賢受邀參與SBS《白鐘元的三大天王》五花肉特輯時，她完完全全拋開女團偶像的形象包袱，在攝影機和眾人面前展現了毫不做作的「吃貨放送」。多賢豪爽地張大嘴巴吃五花肉，一口吃下三片，完全不在意別人的眼光，連同團成員都看傻了眼。而多賢這麼敬業的表現，只為了展現出五花肉的美味，所以相當認真地做了大口吃肉的滿足表情，可愛又不做作的多賢，難怪擁有很多鐵粉啊！

擔任綜藝咖也很可以，無所不能的女偶像

也因為多賢極佳的臨場反應和搞笑的潛能，讓她成為韓國電視綜藝節目的寵兒，甚至前後擔任了MBC兩大綜藝節目《真正的男人：女兵特輯》第四季、《一週偶像》的固定嘉賓。其中在2016年2～4月的《真正的男人：女兵特輯》第四季中，她吃足了苦頭，在加入節目前，很多粉絲都很擔心多賢會受傷，不過能

夠過透過節目感受軍旅生活，對她來說是相當特別的經驗。當時入伍當天，韓國下了大雪，多賢還是在雪中和其他「軍中同袍」一起入軍營，而她的同袍有女團SECRET的炫星、AFTER SCHOOL的NANA、FIESTAR曹璐、孔賢珠、李彩英、金成恩、金英熙……等八人，多賢的加入被製作單位稱作是「愛撒嬌惠利的接班人」，當時該節目創下13%的高收視率。（註：女團Girl's Day成員惠利曾出演《真正的男人：女兵特輯》第一季，因愛撒嬌而聞名。）

韓國娛樂圈原本就很多元，即使是偶像歌手也不可能只靠發片大紅，必須兼顧戲劇或綜藝，才有機會能夠獲得更多矚目。而多賢正好有綜藝這方面的潛能，所以於2016年4月時，被延攬成為深受年輕觀眾族群喜愛的節目《一週偶像》的固定班底，與師兄GOT7的Jackson及男團MOXNSTA X的周憲同期加入了該節目的新單元「偶像無所不能」，挑戰各種不可能的任務！而多賢當時與Jackson、周憲的表現也獲得許多觀眾喜愛，反應極佳又自然搞笑的他們，透過節目帶給許多人歡樂呢！

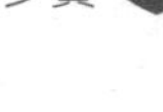

成年禮的「親親」洗禮，就算不是忙內也深受姊姊們寵愛

2017年5月15日，TWICE推出《SIGNAL》專輯舉行showcase前，剛好是多賢即將成年的前幾天（多賢生日為1998年5月28日），當時她分享了自己收到成年禮的心情，她開玩笑說：「我收到很特別的禮物，彩瑛姊姊送了我香水，大家不覺得我現在身上有成人的味道嗎？」而其他成員當時還沒送她禮物，但開玩笑說送她的成年禮是「（SIGNAL）訊號」，接著，所有成員都當場起鬨成要現場親她，當作是送她的成年禮物，於是，showcase上，每位成員都圍著她狂親了起來，比較大膽的成員真的親下去、有的則做假動作，場面相當爆笑，多賢也頓時羞紅了臉。

多賢雖然不是TWICE成員中的「忙內」，但是依舊很受姐姐們的寵愛。除了在專輯showcase上因為成年的緣故受到「親親」的洗禮，此外，在TWICE舉辦的粉絲見面會上，多賢也曾遭受成員們的「親親」襲擊哦！曾經有粉絲在現場捕捉

到站在SANA和MOMO之間的多賢，兩人左右攻擊不讓多賢跑掉，把她抱著狂親她，哈哈，多賢就算不是忙內，也獲得不少姊姊成員的寵愛啊！不過，或許是姊姊成員們太過熱情有點用力，當時可愛的多賢還忍不住皺起眉頭小小抗議了一下呢！

第 8 章

娜璉

——

❤社交型童顏大姊❤

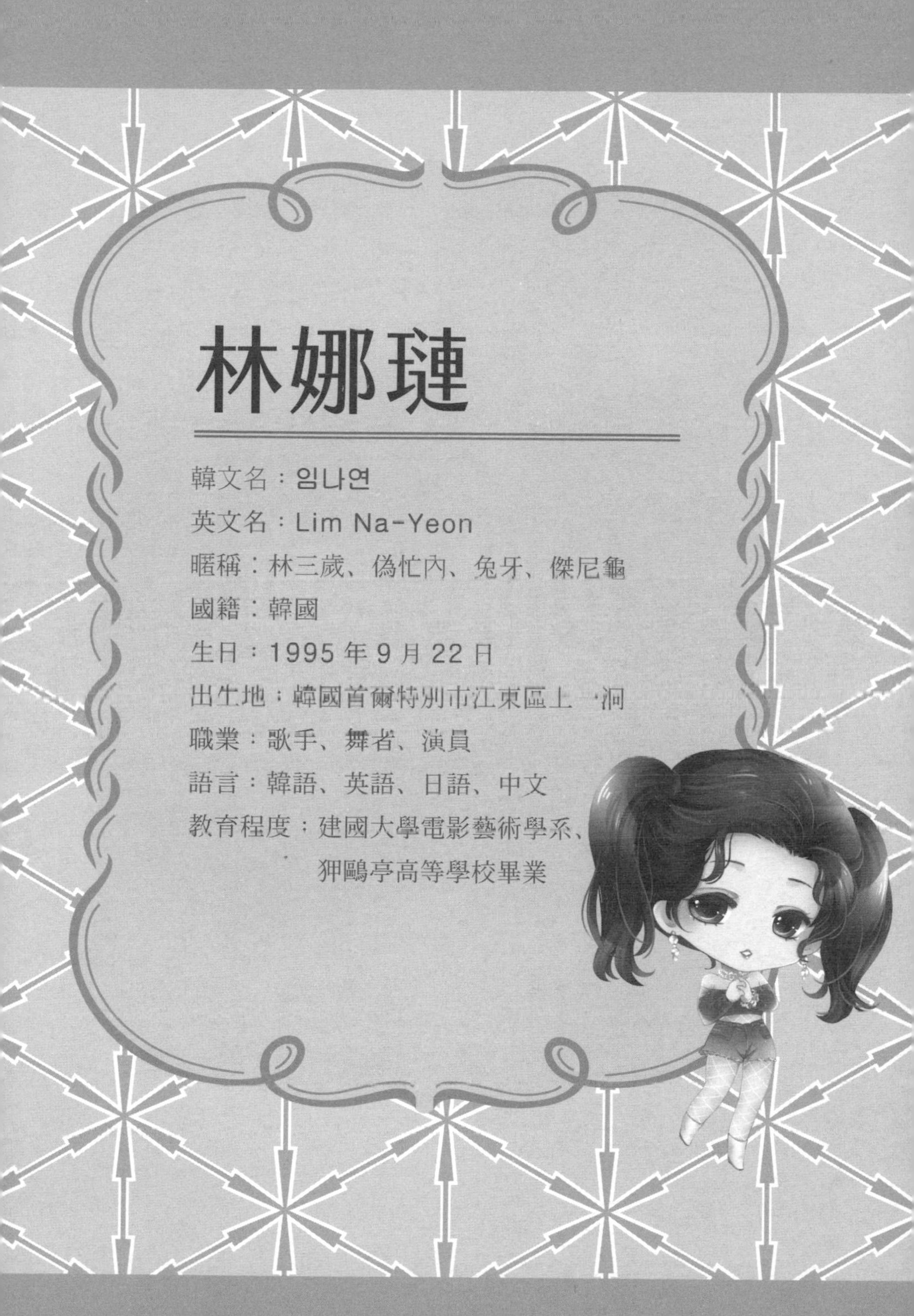

林娜璉

韓文名：임나연

英文名：Lim Na-Yeon

暱稱：林三歲、偽忙內、兔牙、傑尼龜

國籍：韓國

生日：1995 年 9 月 22 日

出生地：韓國首爾特別市江東區上一洞

職業：歌手、舞者、演員

語言：韓語、英語、日語、中文

教育程度：建國大學電影藝術學系、
狎鷗亭高等學校畢業

出道前因長相備受關注，招牌兔牙親切感倍增

TWICE團中年紀最長的娜璉，是個標準的童顏美女，擁有水汪汪活靈活現的一雙大眼睛外，還有可愛的招牌兔寶寶門牙，如果觀看外貌不看年紀，根本不會猜到她是團中的大姊呢！娜璉於2010年9月加入JYP娛樂擔任練習生，她和志效、定延一樣，原本預計於2014年以女子團體6MIX出道，更是團中預定的主唱之一哦！但那時6MIX的出道計畫取消，她後來才和其他練習生一起參與2015年的生存實境節目《SIXTEEN》，為了成為TWICE的一員而努力著。

娜璉一開始在《SIXTEEN》節目中就是備受矚目的成員，也是首位被公開真面目的成員，更有著「ACE大姊」的稱號，台風穩健、實力堅強，總是看起來自信滿滿、充滿笑容，同時也具有親和力和感染力。看過《SIXTEEN》節目的粉絲都知道，娜璉在其中最讓人印象深刻的演出，就是與定延、子瑜表演了miss A的歌曲「Hush」，她也因為這首歌的表現可圈可點而被發現了出眾的歌聲，而很多人當時

還覺得她的長相和 miss A 的秀智有點相像，所以很快就讓人印象深刻。

「偽忙內」偶爾也會展現大姊風範，自認反差感是魅力所在

因為一張令人羡慕的童顏，娜璉常常被粉絲稱為是 TWICE 的「偽忙內」，然而實際上她是團中年紀最大的成員，卻沒有擔任隊長一職，對此她曾表示：「即使我是 TWICE 之中年紀最長的成員，偶爾在妹妹們面前也會表現出大姊的樣子，但擔任隊長的志效真的具有很強的領導能力，非常擅長帶領其他成員！」而娜璉對於自己的魅力特點，反倒不是覺得逆齡的童顏，她表示：「我的長相和實際個性有點反差，這應該就是屬於我的個人特色吧！」

「國民好友」圈內人緣極佳，眾多女團成員都是至親

娜璉在韓國演藝圈的人緣極佳，個性爽朗活潑的她，有個「林三歲」的可愛綽號，私下她對於交朋友這件事情非常主動、完全不會設想或考慮太多，是位個性完全不害羞的活潑女孩。許多人都覺得演藝圈中的女團之間應該競爭激烈，很難跨團與誰成為好朋友，但對於娜璉來說並非如此，她在圈內真的擁有許多女團成員的好友，有些是出道之前就認識的，有些則是出道之後才成為至親的哦！

專輯中手寫感謝詞給BLACKPINK的Jisoo、Jennie

YG娛樂的女子團體BLACKPINK的Jisoo、Jennie……等成員都是娜璉的圈內好友，娜璉與她們分屬不同經紀公司，但卻能成為好朋友的契機是什麼呢？原來之前JYP娛樂的練習生Lena是幫她們搭起友誼橋樑的人，加上娜璉原本就屬於很容易交朋友的個性，因此才延續了彼此的友情。雖然，BLACKPINK的出道時間比TWICE晚了一年多，但是現在兩團都是韓國樂壇中不可或缺且類型不同的大勢女團呢！此外，娜璉在TWICE首張專輯歌詞本的手寫感謝詞中，曾經特別提到了Jisoo、Jennie，她寫著：「特別感謝一天二十四小時都聯繫著的Jisoo，以及一定要一起拍吃貨認證照才可以的Jennie。」因此她們三人之間的堅定友情，可是透過歌詞本認證過的呢！

與 GFRIEND 是互相加油打氣的演藝圈好同事

不只是 BLACKPINK，女子團體 GFRIEND 之中，也有成員和 TWICE 的娜璉是好朋友，可見女團之間多半是良性競爭的對手而非敵手。GFRIEND 就曾在回歸時被媒體問及與 TWICE 成員的友情，與娜璉私交不錯的 Sowon 就表示過：「我們和 TWICE 的成員私下真的是很要好的朋友，之前彼此表達了想與對方變得親近的想法後，剛好兩團有機會進行合作舞台，因此就漸漸變得更熟了。現在我們只要一推出新作品，都會互相告訴對方，也會互相為對方加油打氣，在演藝圈是關係很好的同事。」

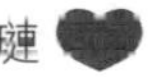

和SONAMOO娜玹親密自拍，公開交情匪淺的關係

2016年7月3日，女團SONAMOO成員娜玹在自己的推特上，公開了和TWICE娜璉的自拍合照，她寫下字句說：「好久不見的娜璉，cheer up，我很喜歡你。」這句話中，暗藏了兩組團體的主打歌名，娜玹真的很有巧思。兩人在合照中看起來交情匪淺，而粉絲們也都是因為這張照片，才知道原來娜璉和娜玹是至親好友呢！說起她們會成為好友的原因，是因為兩人都是建國大學電影藝術系的同期學生。TWICE娜璉擔任音樂節目《人氣歌謠》的特別MC時，剛好遇上了SONAMOO以歌曲「我很喜歡你」回歸，兩人相見格外開心呢！

超熱情的娜璉大方對 Red Velvet 成員勇敢「示愛」？

2017年MBC《偶像運動會》上，TWICE的彩瑛和女團Red Velvet成員YERI聊得很開心而互換號碼保持聯繫，後來，YERI也和娜璉熟識了起來，而剛好她們都是很擅長在圈內交朋友的女團成員，自然而然，兩組女團更熟了之後，YERI和娜璉就成了至親好友。YERI還曾大方宣稱，娜璉是除了團員之外圈內最好的朋友呢！在2018年的《偶像運動會》上，粉絲們又再次發現兩團的微妙互動，TWICE的娜璉看到Red Velvet有如女神般美貌的Irene出現時，竟然馬上靠近她比了個手指愛心，娜璉可愛俏皮的模樣，讓平常看起來有點難以親近的「冷都女」Irene也忍不住當場笑出來，酷酷女突然笑出來的樣子真的有種反差魅力啊！當時，很多娜璉的粉絲都笑說：「咱們『林三歲』仰慕Irene很久的時間了，這次終於鼓起勇氣表白了嗎？」

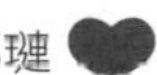

娜璉超愛小孩，想上育兒節目《超人回來了》當保母

TWICE中的大姊大娜璉，開朗好親近的個性不僅深受演藝圈同事喜愛，事實上，擁有可愛臉蛋個性又超有親和力的她，曾經表示自己非常非常喜愛小孩！之前，她曾於訪問時提及：「我好想出演育兒節目《超人回來了》，我對節目中的保母工作非常有信心，有自信一定可以搞定小孩的！」其實，以娜璉的外型和個性，擔任幼兒園老師的工作絕對沒問題，而且一定會是個深受小朋友們喜愛的老師！光想像她如果在幼兒園中教小朋友唱唱跳跳，讓小朋友們圍著她撒嬌的樣子，就覺得畫面無敵和諧啊！

說話和作為都大膽，直言、卸妝根本沒在怕的啦！

娜璉上綜藝節目時，總會有出其不意的言論，曾經在《黃金漁場 Radio Star》

上，她被主持人問及在 JYP 娛樂以歌手出道前，公司內有什麼特別的潛規則嗎？她說：「出道前，歌手們都會跟社長朴軫永一起吃飯，基本上，只要跟老闆一起吃過飯的話，就算可以確認自己有機會出道了。」這番言論一出，真的惹笑了當集的來賓，雖然有點玩笑話但真的爆料效果十足。

現在的偶像團體包括 TWICE，為了與粉絲多多互動，常常開直播與粉絲聊天，或是分享自己私下生活的各種面貌。某次 TWICE 在日本活動時，娜璉和彩瑛於結束工作後，在飯店開直播吃宵夜給粉絲看，吃完後，娜璉臨時起意說要卸妝給直播的粉絲看，要大家比較看看，她們卸妝前後的樣貌呢！直播卸妝的過程中，有粉絲直言自己幻想破滅了，沒想到娜璉搞笑地回說：「是誰說幻滅的？」不過也有很多粉絲看完卸妝的她們後表示：「雖然卸妝沒有化妝時漂亮，但看起來年紀更輕了！」最有梗的是，當時，娜璉的媽媽也收看了這段直播，她看到女兒這麼勇敢地卸妝，傳訊息給她說：「娜璉，辛苦妳了啊！」

除了卸妝之外，直播時，娜璉和彩瑛也直接在鏡頭前擤鼻涕和敷面膜，她們還笑著自嘲自己的樣子真的很醜，於是兩人就這樣一邊卸妝、敷面膜，並一邊和粉絲聊天，真的好有親和力啊！娜璉當時聊到自己私下很愛看韓國知名製作人羅暎錫製作的綜藝節目，像是大受好評的節目《尹食堂》，她還直接在直播時，對羅暎錫製作人喊話說：「我們也想開一個屬於TWICE的《T食堂》！」但搞笑的她們自知臉上沒有妝，所以又補充說：「羅PD你好，如果不說你可能認不出我們，我們是TWICE，請邀請我們拍《T食堂》吧！」有TWICE在的直播間，果然充滿了歡樂，尤其是娜璉在的時候啊！

頭號男粉絲為了娜璉，奮發向上成為韓國棒球國手

形象正面的TWICE總是能帶給粉絲滿滿的影響力，這就是偶像明星的重要性，以身作則、傳達正能量。而總是給人充滿活力印象的娜璉，就曾「不小心」鼓

勵了一位男粉絲，讓這位粉絲擁有目標，最終成了棒球國手呢！話說，這位男粉絲的媽媽在網路分享了一段故事，她說：「我唸小學的兒子之前很喜歡娜璉，有次在TWICE的簽名會上，被娜璉問說是國家代表選手嗎？我兒子當下很緊張便說是。由於他不是，所以誤答後有點懊惱，那天起，他就下定決心未來一定要成為國手，這樣下次見到娜璉才能堅定回答自己是國手！」

後來，這位男粉絲真的很努力也很爭氣，為了再次見到娜璉堅定說出「我是國手」，於是很努力地在12歲那年入選國家代表隊，更代表韓國參加了在美國舉辦的棒球比賽。娜璉知道自己對這位男粉絲的影響力後，相當感動地表示：「從小到大，我只想過自己的夢想該怎麼實現，現在看到有粉絲因為我達成了夢想，我才知道，原來我也是能幫助別人完成夢想的人，真的感動到想落淚了，也充滿了幸福的感覺。」娜璉也謙虛地說：「自己目前還有很多不足，還不是那麼厲害的人物，但是為了能幫助更多人完成夢想，我會期許自己成為更有實力的人。」

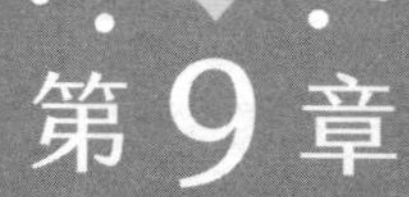

第9章

彩瑛

❤多才多藝的小不點❤

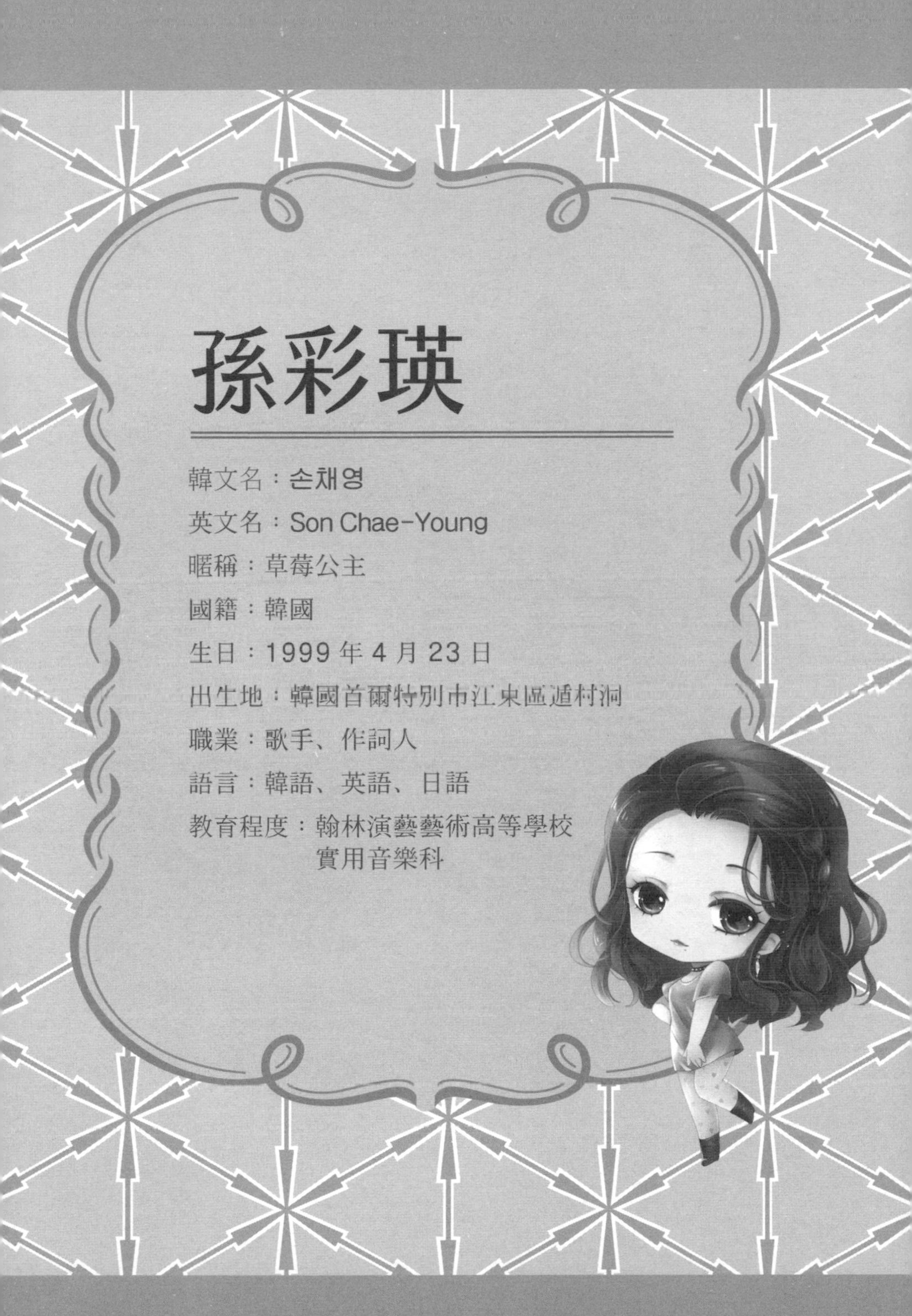

孫彩瑛

韓文名：손채영

英文名：Son Chae-Young

暱稱：草莓公主

國籍：韓國

生日：1999 年 4 月 23 日

出生地：韓國首爾特別市江東區遁村洞

職業：歌手、作詞人

語言：韓語、英語、日語

教育程度：翰林演藝藝術高等學校
實用音樂科

創作實力備受期待，歌詞創作人彩瑛無誤

在TWICE成員中，彩瑛和子瑜是年紀最小的，身為同年出生的大小忙內，彩瑛與子瑜身高相差懸殊也曾是一大討論話題。個子嬌小的彩瑛，擁有一雙天真無邪的水汪汪無辜大眼睛和小狗眼神。在團體的歌曲作品中，她常常參與創作的部分，不管是創作歌曲歌詞或饒舌歌詞，她都展現了讓人刮目相看的才華，例如：《PAGE TWO》專輯中「珍貴的愛情」饒舌部分的歌詞就由她創作，《SIGNAL》專輯中更與隊長志效一起創作「Eye Eye Eyes」的歌詞，並獨自創作《Twicetagram》專輯中「加油!」的歌詞，後來與定延也一起發表《What is Love？》專輯中「Sweet Talker」的歌詞作品。

2018年11月5日，TWICE推出的迷你六輯《YES or YES》中，彩瑛更再次展現了自己的創作才華，「YOUNG & WILD」就是她的作品，對於這首歌曲的創作靈感來源，彩瑛認真地表示：「我非常希望『YOUNG & WILD』這首歌曲，

能為同年齡的人帶來一些正面的力量，歌詞內容主要想表達的是，雖然追尋夢想、完成目標一路上非常辛苦，也可能一度想要放棄夢想，但一定要樂於其中的過程。」

「草莓公主」擁有美術天分，設計專輯封面和鞋款

此外，很有美術天分的彩瑛，更參與過 TWICE 三張專輯《PAGE TWO》、《Twicetagram》、《What is Love ?》的封面設計，也參與設計過 TWICE 代言的鞋子品牌 SPRIS，推出限量的 TWICE 聯名鞋款。在各方面都有多項發揮的彩瑛，像是個無可限量、擁有無窮潛能的成員。彩瑛成長期間，其實是在鄉下長大的，從幼兒園至小學一年級期間，她與奶奶、相差一歲的弟弟住在全羅道光州，特別喜歡吃蔬菜水果的她，還因為特愛吃草莓而擁有可愛的別名「草莓公主」。

弟弟也是型男一枚，外貌與演員李鍾碩有些相似

彩瑛很重視家人之間的感情，身為家中老大的她，常常在自己的社群網站上放上與親弟弟的親密合照，不少粉絲都說，彩瑛弟弟的外貌也很優秀，有成為藝人的潛力，甚至還有粉絲說弟弟有點像韓國演員李鍾碩呢！而也許是家族的基因遺傳，彩瑛的弟弟和她一樣，都擁有極佳的創作才能，在學校於美術方面有不錯的表現，難怪大家都說 TWICE 成員們的家族基因都很厲害啊！

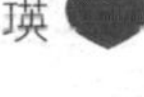

小學就對演藝圈有憧憬，饒舌才華在《SIXTEEN》中展露無遺

彩瑛從小就對演藝圈懷有夢想，她在小學二年級時，開始對演藝圈產生興趣，看著電視裡的歌手表演時，會想著「如果有一天我也能出現在電視裡就好了」。打從開始有了明星夢後，彩瑛認真上起表演班努力學習藝能，還曾經擔任過兒童雜誌的小小模特兒。直到小學六年級時，彩瑛確定了自己想要當歌手的目標，因此，她從國中一年級開始就勤練舞蹈，並在14歲那年，參加JYP娛樂的徵選活動，順利入選後，從2012年6月開始進入JYP娛樂擔任練習生。

後來，彩瑛在參與生存實境節目《SIXTEEN》前，曾在師兄GOT7、師姊miss A的音樂錄影帶中現身露過面，小小展現了面對鏡頭毫無畏懼的模樣。尚未以TWICE成員出道前，彩瑛的饒舌才華就在《SIXTEEN》中展露無遺，時常表演自己的饒舌絕活和創作功力，而她的歌唱、跳舞才能也都表現不錯，是團中多才多藝的美少女，現在更是TWICE中不可缺少的一員呢！

成為高中生的第一天，還兼任開學典禮表演嘉賓

TWICE 出道時，彩瑛尚未進入高中，直至出道隔年的 2016 年 3 月才進入許多韓國明星就讀的翰林藝術高中，就讀實用音樂科的她，是成員多賢的學妹。同年 5 月，台灣成員子瑜也成為同班同學，所以先後進入翰林藝術高中的多賢、彩瑛、子瑜三人，由於都要上學的關係，在宿舍裡，是同間房間的室友。

彩瑛進入翰林藝術高中就讀時，TWICE 已經出道快一年，已成為最紅的韓國偶像女團，開學日當天，她們的出現自然吸引了許多媒體和粉絲前往，讓學校的開學日更加熱鬧。彩瑛成為高中生的開學日當天，幾位成員也陪伴她一起入學，第一次穿上高中制服的彩瑛顯得相當開心。而翰林藝術高中的開學典禮上，校方特地邀請 TWICE 作為表演嘉賓，對彩瑛來說別具意義，她與其他成員一起表演了「Do It Again」，為當年翰林藝術高中的開學日增添了許多活力呢！

多才多藝的美少女彩瑛，竟然有項連姊姊都看不下去的弱點？

彩瑛的多才多藝眾所皆知，饒舌、歌唱、跳舞樣樣精通之外，還是團中最有美術細胞的「畫畫擔當」，這樣的她，到底有什麼小缺點，讓身為姊姊成員娜璉曾經忍不住在她成為高中生時，提醒她要好好學習呢？原來，英文這門科目是彩瑛的痛處啊！雖然 TWICE 發展的兩大重心是韓國和日本，英文並不那麼必須，但是彩瑛曾在商品代言簽名會上，把自己的英文名字拼錯，也曾在自己的 Instagram 上，把簡單的英文單字「First」誤拼為「Frist」，把「Hole」誤寫成「Hall」，難怪娜璉會提醒彩瑛要多多加強英文。

髮型變化最大的就是她，長中短髮全都嘗試過

TWICE 成員之中，髮型辨識度最高的，一直是始終留著短髮的定延，但若要說團中髮型變化最多的成員，那絕對是彩瑛啦！出道一開始，彩瑛原本是清爽俐落的肩上中髮，但期間有一度她突然剪成帥氣的超短髮，那時她和定延兩人成了團中的短髮二人組呢！不過幾年之間、幾張專輯造型中的髮型變化後，粉絲們都認為短髮其實並非彩瑛最適合的髮型，紛紛表達意見希望她能留長髮，一開始她沒辦法馬上留長，還曾靠接髮做長髮造型，結果獲得粉絲一致好評。而2018年11月初，TWICE以《YES or YES》回歸韓國樂壇時，彩瑛就以充滿女人味的漂亮長髮示人，想必她的長髮造型一定獲得許多人喜愛。

因稀有的血型而自豪，個性積極正面不會想太多

彩瑛曾說自己的個性優點就是想法很正面，而且遇到困難不會鑽牛角尖想太多，會選擇積極面對、解決問題。雖然很多人都會以血型來參考一個人的個性，但偏偏彩瑛的血型非常特別，而且少到無法成為個性的依據呢！彩瑛是世界上少有的「Rh陰性血型」，在東方人之中更少，因此，在韓國擁有這個血型的人不到0.5％，而TWICE的彩瑛正好就是這個血型。彩瑛曾自爆自己是稀有血型，更因此自豪自己的「稀有性」呢！

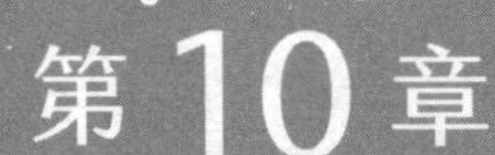

MOMO

❤舞蹈擔當實至名歸❤

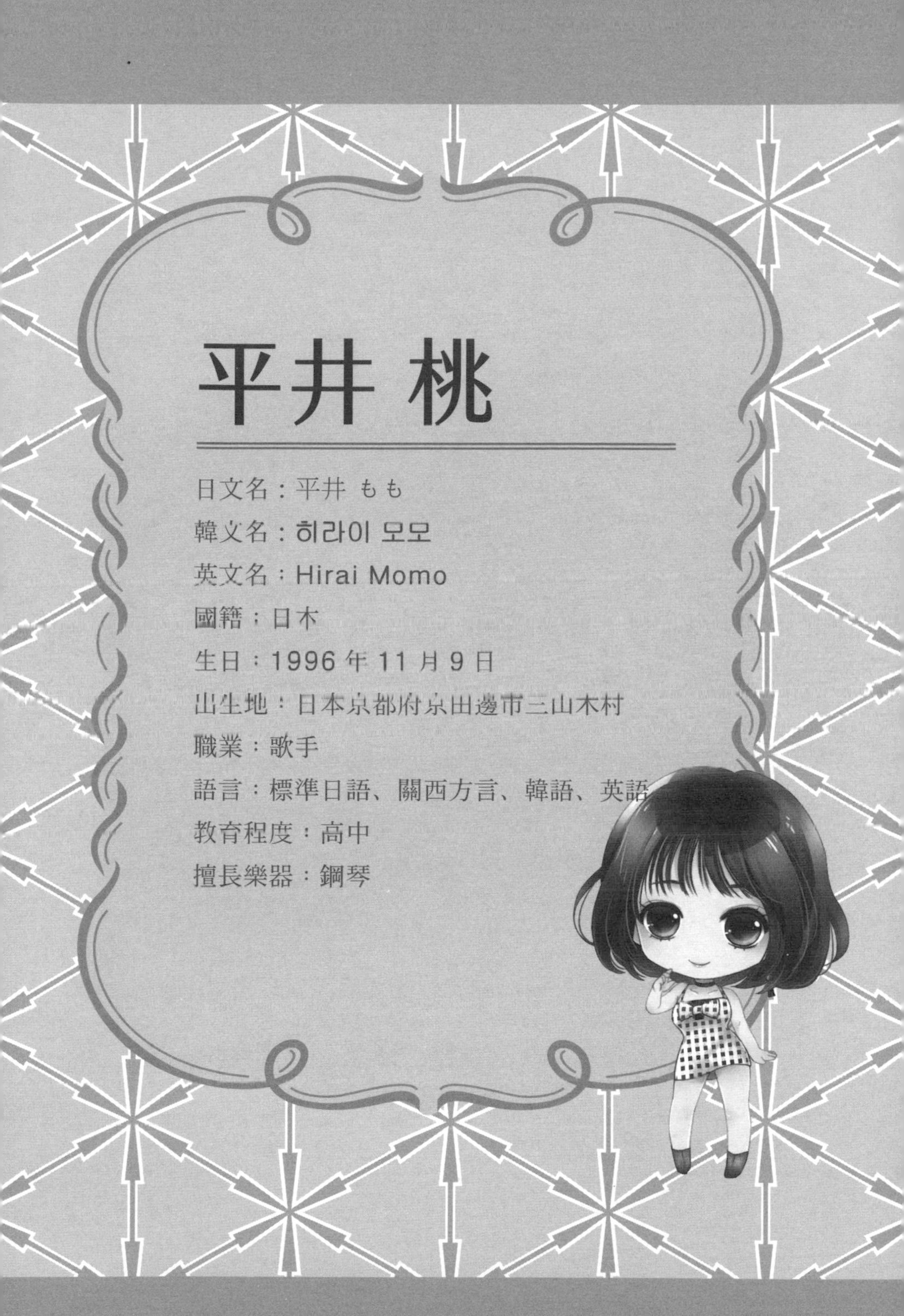

平井 桃

日文名：平井 もも

韓文名：히라이 모모

英文名：Hirai Momo

國籍：日本

生日：1996 年 11 月 9 日

出生地：日本京都府京田邊市三山木村

職業：歌手

語言：標準日語、關西方言、韓語、英語

教育程度：高中

擅長樂器：鋼琴

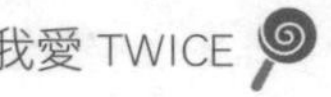

團中的主領舞，美妙的舞姿是從小努力練習的成果

TWICE 中的日本成員之一 MOMO，從三歲開始就跟著親姊姊平井波奈（HANA）一起跳舞，因此她從小就熱愛舞蹈。而她進入演藝圈的契機也跟舞蹈有關，她和姊姊曾把跳舞的自拍影片上傳至 YouTube 上，這段影片剛好被 JYP 娛樂的人看到，於是她們就被邀請至 JYP 娛樂進行試鏡。雖然當時是姊妹倆人一起參加試鏡，但是最後只有 MOMO 入選有些可惜，不過姊姊在日本也有自己的一片天，她後來以團體 The Crew 的成員在大阪出道了。TWICE 大紅之後，姊姊也是 TWICE 的忠實粉絲，時常 COVER 她們的舞蹈，還曾獨自跳了「LIKEY」舞，讓許多網友看到都說她跳舞的氣勢太強了，舞蹈功力太神了呢！

出道過程好驚險，淘汰後起死回生的追加成員

2011年，MOMO與好友組成舞團，參加過第三季的《Superstar K Japan》，隔年4月，MOMO與同樣來自日本關西的SANA成為JYP正式簽約的練習生，一起從日本到韓國打拼。之後的經歷就是大家所熟知的，2015年，MOMO與其他練習生一起參與了生存實境節目《SIXTEEN》，為了角逐TWICE成員而奮鬥，而她最後成為第八位公開的成員，也是最後追加成員的兩名之一（另一名是子瑜）。MOMO成了倒數第二位加入TWICE的成員，原因就是因她的舞蹈實力出眾，JYP娛樂認為這位「Dancing Queen」加入後，能夠提升整團的舞蹈實力，而出道之後每回在新專輯發表會上，往往也是由舞蹈最厲害的MOMO單獨示範重點舞蹈給大家看呢！

舞后就是舞后，參與過不少編舞

MOMO的舞蹈實力眾所皆知，她的編舞能力也在出道後有所發揮，曾經編過Keri Hilson的「The Way You Love Me」、JYP的「Swing Baby」、朴志胤的「Coming of Age Ceremony」及碧昂絲的「Yonce」。MOMO的舞蹈魅力連成員們都稱讚不已，彩瑛甚至還說：「MOMO一跳起舞來，簡直是完全變了個人似的，平常傻裡傻氣的樣子會突然變得相當霸氣，甚至會覺得她怎麼突然有點難以親近？」

時而帥氣時而性感，私下其實是傻大姊一枚

MOMO是位個性單純的傻大姊型女孩，但是一站上舞台，她又能展現出帥氣的舞蹈姿勢，或擁有「川字腹肌」且性感到爆的曲線，是個具有多種魅力的女孩。

MOMO是團中的「舞蹈機器」，不管隨機播放什麼歌曲，她都能馬上跳上一段，而且絕不馬虎，連男團的舞蹈她也有所涉略，還能跳出專屬於自己的MOMO風格，相當厲害呢！之前，MOMO曾為了夏日專輯的形象照，特別展露了深藏不露的好身材，讓粉絲們看了大呼是她擁有女神等級的好身材啊！

團中公認的「吃貨」，出道前的減肥之路相當艱辛

可別以為好身材的MOMO是吃不胖的體質，她是團中公認的「吃貨」，不但超級愛吃，食量也很大，她曾公開表示，只要是成員們吃剩的食物都會進她的胃，說她是「食物清掃機器」一點兒也不為過。MOMO的座右銘甚至跟吃有關：「只要持續努力，就能吃到好吃的食物！」，而她最愛吃的日本食物是雞肉納豆拌飯，最高紀錄是連吃三碗，最愛的韓國食物則是豬腳哦！

雖然 MOMO 現在還是很愛吃，也沒有太多高熱量食物的禁忌，但其實出道之前，她為了減肥可是吃足了苦頭。某次，MOMO 與其他成員一起開直播與粉絲聊天時，談到了 TWICE 出道前被公司要求減下七公斤的事情，她說：「那時候別說不敢吃東西了，我連水都不太敢喝，怕體內水分太多會水腫，因為三餐都沒吃飽過，身體也缺乏營養，常常會擔心隔天自己會不會連爬起來的力氣都沒有。」

除了狠下心來節食之外，MOMO 在出道前還會靠勤勞運動來減肥，即使沒吃飽、練習後又相當疲累，但她為了瘦下來還是每天去健身房報到。最慘的是，MOMO 說：「即使我控制飲食也運動了，但是到了驗收體重公斤數的那一天，公司訂的體重目標我還是沒有達成，只好要求公司再多給我三天的時間減肥，可是最後還是因為比目標體重多了 0.1 公斤而無法登上舞台，真的相當殘酷啊！」還好，TWICE 成員們現在維持體重的方法都比以前健康許多，所以吃東西已不如以前那麼多禁忌啦！

粉絲也認證的可愛傻妹，耳機套留在耳內

TWICE 能一直受到粉絲們的喜愛，除了總是帶來活潑可愛的歌曲和舞蹈外，成員們各個比親切也是主要原因，像是 MOMO 的小小迷糊的個性就讓人覺得毫無距離感，因為在你我的周遭生活中，也總有一兩個這種少根筋的迷糊鬼朋友吧？有一次，MOMO 就在機場被粉絲拍到她手裡拿著只有一邊耳帽的耳機，正疑惑她是不是把耳帽弄掉在車上或地上時，眼尖的粉絲發現原來她把一邊的耳帽遺落在自己的耳朵裡，對喔，是耳朵裡，而她卻渾然不知自己耳朵裡有東西，MOMO 這點真是傻的可愛啊！

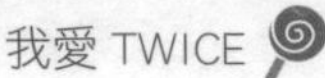

連 SUPER JUNIOR 的宇宙大明星希澈都是 MOMO 飯

身為韓流帝王的男子團體 SUPER JUNIOR，其中的「人脈王」金希澈原本就是許多女子團體的粉絲，私下更與許多女團成員是「零緋聞」的至親，而且回溯起過往，他還是 KPOP 界中模仿女團舞蹈的男偶像始祖呢！在 TWICE 出道後，金希澈於綜藝節目中見過幾次 TWICE 後，親自認證過 MOMO 是他覺得團中最可愛的成員，某次在綜藝節目《一週偶像》中，MOMO 甚至對著希澈撒嬌，讓他直呼自己的心臟快要爆炸了，還說就算是今天離開節目了，也覺得此生無憾了呢！

MOMO的爸爸最愛的TWICE成員竟然是？

雖然金希澈對日本成員MOMO情有獨鍾，但MOMO的爸爸最愛的TWICE成員竟然不是自己的女兒？TWICE在日本進行活動時，MOMO的爸爸特地到現場捧場，原本以為他是因為女兒回家鄉宣傳，才特意前往，沒想到MOMO的爸爸竟然是為了見隊長志效才去的！最最最搞笑的是，在粉絲們等著排隊與TWICE成員們擊掌時，MOMO的爸爸出現在志效那一排，而且還被日本粉絲當場目擊這一幕。MOMO又好氣又好笑地說：「爸爸說，TWICE到日本舉辦活動會再來參加，但是如果志效缺席他就不會參加了。我跟爸爸說過，想見志效可以到後台見面，但爸爸還是很堅持要參加擊掌會跟她擊掌。」

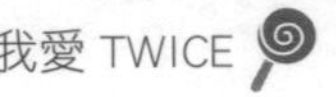

MOMO的韓語程度只有小學二年級？

日本成員到韓國發展最辛苦的就是語言問題了，雖然出道之前，MOMO就和其他外國成員一起接受韓語訓練，也因為在當地生活、工作，自然而然學會不少韓語，但2017年1月27日她參加了節目《小學生老師》，與其他外國藝人包含康男、Amber、Henry……等一起進修韓國小學六年級的韓語時，MOMO經過測驗後的程度只有小學二年級。不過測驗出來後，另一名韓文程度備受認可的SANA特別幫MOMO說話，她說：「MOMO一早從首爾趕去釜山錄影，因為太過疲勞精神不好才表現不如預期。」身為「MOMO飯」的金希澈，更曾搞笑地在節目中模仿MOMO說韓語的特殊日本腔，看來就算MOMO的韓語程度還不夠好，但很有自己的特色呢！相信MOMO繼續在韓國發展下去，韓語程度一定會越來越好、越說越溜的！

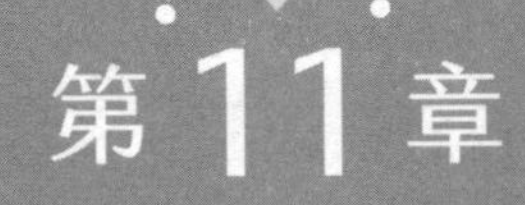

第11章

MINA

❤氣質出眾的櫻花妹❤

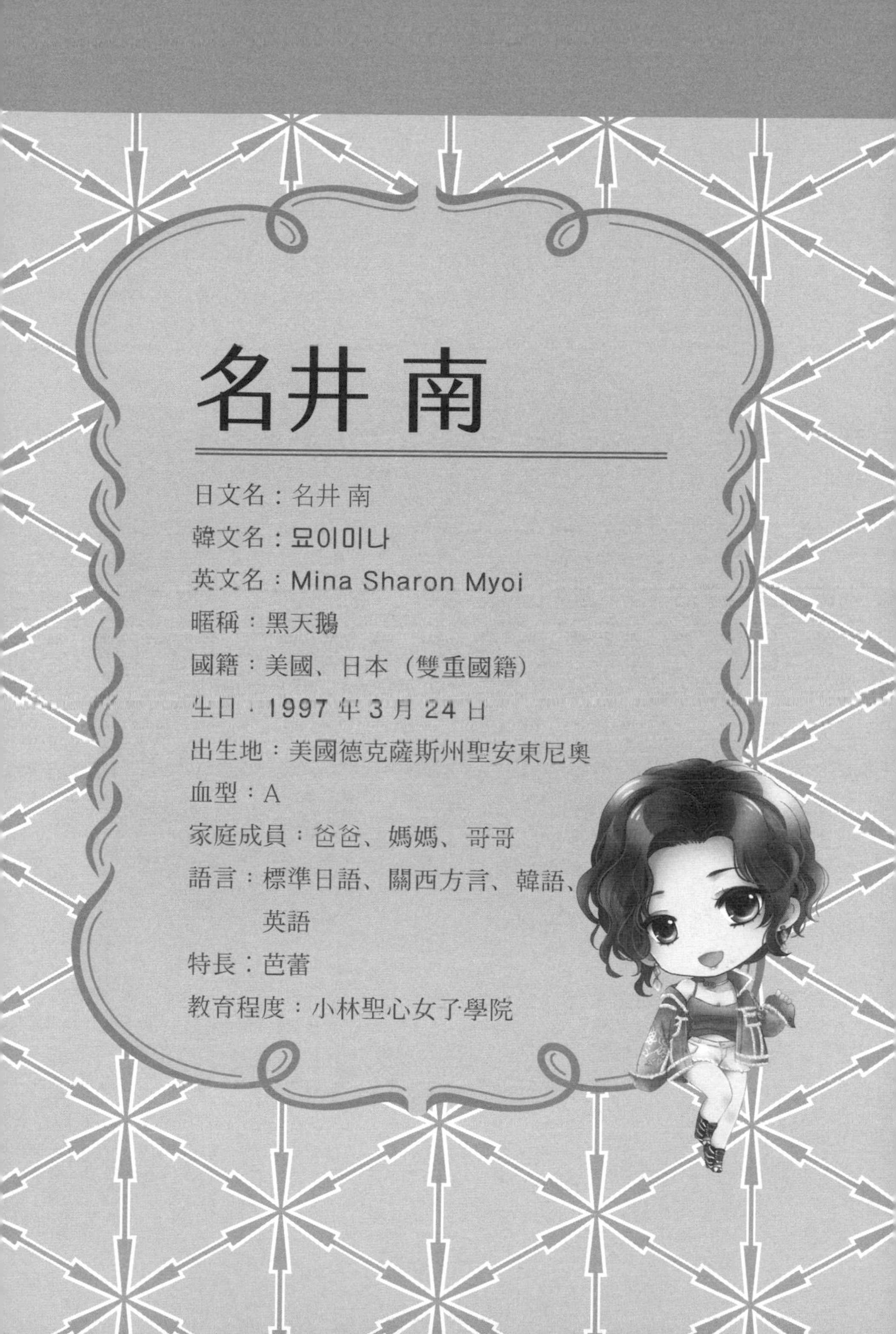

名井南

日文名：名井 南

韓文名：묘이미나

英文名：Mina Sharon Myoi

暱稱：黑天鵝

國籍：美國、日本（雙重國籍）

生日：1997 年 3 月 24 日

出生地：美國德克薩斯州聖安東尼奧

血型：A

家庭成員：爸爸、媽媽、哥哥

語言：標準日語、關西方言、韓語、英語

特長：芭蕾

教育程度：小林聖心女子學院

逛街時被星探相中，從哈韓粉絲變成世界偶像！

MINA在演藝圈算是知名的「富二代」，她的家庭成員有爸爸、媽媽和一個大她五歲的哥哥。出生於美國的MINA，在她一歲時，因為爸爸被日本的大阪大學醫學系邀請回國授課，因此全家又搬回兵庫縣西宮市。而MINA會踏入演藝圈，則是某次跟媽媽一起在大阪的梅田逛街時，被星探相中而邀請她參加JYP的試鏡活動。碰巧遇到的那天，是試鏡的最後一天，所以MINA可說是天生註定要進入演藝圈的人，她也曾滿懷感激、謙虛地表示：「都是拖了最後一天試鏡的福氣呢！」進入演藝圈成為練習生之前，MINA原本就很喜歡韓國流行音樂，更曾經是男子團體BIGBANG、CNBLUE、EXO的粉絲，她萬萬沒想到，自己會從哈韓粉絲變為韓國偶像團體的一員，和這些以往崇拜的一線男團成員，成了演藝圈的同事。

外表冷豔看似難親近，實際上是個溫柔謙虛的女孩

大部分的人第一眼見到MINA，會覺得她的外表比較冷酷、強勢、難以親近，但只要她一開口說話，聽到她溫柔的語氣和聲音，就很難不喜歡上這位日本女孩。雖然MINA的家世背景相當厲害，但她出道前後，總是保持一貫謙虛有禮的態度，一點富家女的傲氣也沒有。回想起練習生時期的生活時，MINA印象最深刻的是公司內部的歌曲研討會，她說：「大家雖然因為研討會有些競爭，但練習生們都不因競爭而成為敵對關係，大家反而因為競爭感情越來越親近！」而出道初期，MINA就曾表示希望自己成為一位個性正直、有親和力的歌手，而現在的她，果然也達成這個目標了！

爸爸是知名醫學系教授，曾因學術研究登上韓國媒體

TWICE 出道後，成了韓國家喻戶曉的偶像團體後，MINA 的爸爸更是不遑多讓，也曾因醫學上的成就登上了韓國的媒體，這對父女可說是在韓國替日本人爭光的好榜樣呢！氣質出眾的 MINA 家境優渥，從小又受到爸爸媽媽不少栽培，除了就讀名門學校之外，還接受長達十一年的芭蕾舞訓練，難怪現在的舞蹈實力那麼堅強，而且似乎因為長期跳芭蕾舞的關係培養了優雅的氣質。

ONCE 眼尖意外發現，MINA 爸爸是多賢的粉絲！

MINA 和媽媽一樣是個美人胚子，大她五歲的哥哥非常熱愛美式足球運動，體型和外型都相當粗獷，和纖細溫柔的 MINA 形象相差很多，但卻是非常疼愛妹妹的哥哥，也曾經親自出席過 TWICE 的活動為她強力應援呢！而 MINA 之前曾偷偷爆

過爸爸的料，她說：「我爸爸是多賢的粉絲！」而且粉絲們曾經抓包過 MINA 的爸爸按了多賢的照片讚，粉絲們真的很「細心」像是偵探一樣，發現了這個小動作，真是太有趣了啊！

人美心更美，簽訂「器官捐贈卡」幫助需要的人

MINA 算是團中較為文靜內斂的成員，但是在 TWICE 出道滿八百天的時候，她卻向粉絲們主動宣布了一件非常有意義的事情。2017 年12月27日，TWICE 出道滿八百天時，MINA 在 Instagram 上放了自己在日本、韓國申請的「器官捐贈卡」，她發文表示：「ONCE 們，今年的尾聲，大家都非常有活力地度過了嗎？今天是 TWICE 出道的第八百天！恭喜恭喜～我申辦了『器官捐贈卡』，這是我之前就一直想做的事情，現在終於完成了！謝謝長久以來支持 TWICE 的 ONCE 們！謝謝你們！」

由於MINA的爸爸從事醫學工作，也許因此影響了MINA這麼早就有器官捐贈的正確觀念和意願，從她的兩張日本、韓國「器官捐贈卡」中可以發現，日本的卡片早在她2013年辦理了，韓國的則在2017年的12月申請完成。雖然器官捐贈的意願不能強迫，但是MINA這個勇敢的善舉，也漸漸影響了喜歡她的粉絲，而這就是TWICE出道以來給人正面能量的厲害之處，總是在小地方、日常生活中悄悄地傳遞著正面的訊息呢！ONCE們當時看到MINA的貼文後，都表示非常敬佩她，更有許多人決定未來要好好向她學習！

深厚的芭蕾舞底子，偶運會的體操表現令人驚艷

哈韓粉絲每年都特別期待的綜藝節目《偶像運動會》，總是能發現許多偶像平時不為人知的運動長才，擅長芭蕾舞的「黑天鵝」MINA就曾在運動會上，展現了超級華麗、讓人拍手叫好的體操表演呢！由於MINA擁有十一年的芭蕾舞底子，因

此挑戰起體操駕輕就熟，一舉手一投足，都將體操的美，表現地淋漓盡致，像是國手般地專業啊！2017年的《偶像運動會》上，MINA在體操比賽項目中，以非常亮眼的表現奪得該屆冠軍，與另一女團FIESTAR的成員曹璐並列冠軍、獲得金牌的殊榮，扳回了2016年因不小心失誤與冠軍擦身而過的缺憾。

與男團GOT7成員傳出戀情，實為相知相惜的同事！

TWICE的日本籍成員MINA於2017年3月時，曾與同屬JYP娛樂的男團GOT7泰國籍成員BamBam傳出戀愛的消息，當時完全震驚了兩團的粉絲圈。原來是一張MINA與BamBam頭靠得很近的合照在網路上被瘋傳，因此才被誤會是戀愛中的情侶。其實他們只是同公司的好同事，兩人同樣是在韓國打拼的外國藝人，因此非常了解對方在韓國工作、生活的辛苦之處，但絕非戀愛關係。當時消息一出，JYP娛樂相關人員就解釋，兩人只是隨意拍下這張合照，是友好的同事情誼而非戀人。

解除警報！禁愛令解除，粉絲憂喜參半

JYP 娛樂老闆朴軫永向來對旗下藝人管控嚴格，特別是人品方面要求甚高，因此 JYP 的藝人多半都很自律，也幾乎沒有負面新聞。朴軫永曾公開提及 TWICE 出道滿三年後才能戀愛，他還表示：「如果滿出道三年後，她們交了男友，帶來讓我看看的話，我會請他們好好吃頓飯。」這番言論讓人想起當年旗下的裴秀智與李敏鎬戀愛時，朴軫永完全像是「岳父」一樣對待李敏鎬，可見他總是把旗下藝人當作自己的孩子關心與照顧。如今，TWICE 出道已過了禁愛令的年限了，粉絲們如果哪一天聽到成員們戀愛，能夠坦然看待及祝福嗎？

第12章

SANA

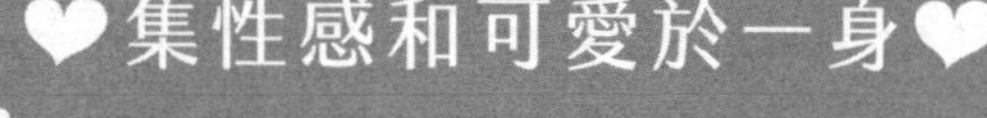

❤集性感和可愛於一身❤

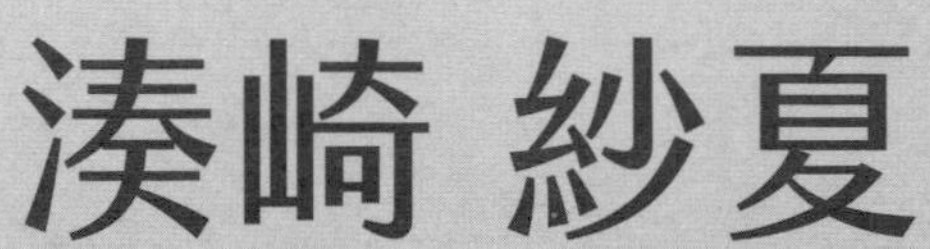

日文名：湊崎 紗夏

韓文名：미나토자키 사나

英文名：Minatozaki Sana

暱稱：SA 糖、松鼠

國籍：日本

生日：1996 年 12 月 29 日

出生地：日本大阪府大阪市大土寺區

語言：日語、關西方言、韓語、英語、中文

血型：B 型

家庭成員：爸爸、爺爺、媽媽

興趣：收集香水、香氛蠟燭、唇膏

特長：模仿松鼠和兔子

習慣：奇怪的打噴嚏

最喜歡的顏色：橙色、深紅色

座右銘：無時無刻只看著前方努力邁進吧！

因跳少女時代的「Mr. Taxi」，入選練習生

甜美可愛又時而性感的SANA，是TWICE三名日本成員中的一位，她與MOMO剛好都是來自日本關西，又是一起被簽約成為JYP娛樂的練習生，因此出道前就很有革命情感，一起在異地為了夢想而努力打拼。SANA於2012年4月成為練習生，當時她在徵選過程跳了前輩少女時代的「Mr. Taxi」而成功入選，自然的表現和精湛的舞蹈令人印象深刻。SANA也和志效等成員一樣，原本計畫於2014年以女子團體6MIX出道，最後成員變動而取消出道計畫。而後SANA和其他練習生一起加入生存實境節目《SIXTEEN》，是第二位公開真面目的成員，最終成功入選為TWICE的一員而出道。

意外參加日本全球試鏡，回憶練習生宿舍生活趣事

回想起出道之前的特殊經歷時，SANA曾表示：「我還在日本生活時，韓國女子偶像團體少女時代、KARA在日本真的很紅，擁有很高的人氣！那時，我在日本也看過韓國電視劇《Dream High夢想起飛》，巧合的是，有一天走在日本的街道上，我碰巧遇到JYP娛樂的相關人士，他們邀請我參加日本的全球試鏡活動，當下給我看了公司旗下藝人的照片，我發現都是在《Dream High夢想起飛》裡看過的演員，所以就決定隔天參與試鏡。」與MOMO和其他練習生一起經歷過的生活，也令SANA十分難忘，SANA對於三更半夜在宿舍裡偷吃豬腳的事情印象深刻，她說記憶中那時被發現偷吃宵夜時還挨罵了，雖然那些都是辛苦的過往，但現在想起來覺得很有趣呢！

自然高挺的鼻子令人稱羨，優越的基因來自父母

對於韓國藝人來說，整形並非不可說的祕密，但是TWICE的成員卻各個是天然美女，真的相當難得啊！SANA的美貌不需要多加形容，但是最讓人羨慕的是她高挺的鼻子，美到曾讓人懷疑整過形。但只要看過他父母親照片的話，絕對不會懷疑SANA的鼻子了，因為她的長相跟爸爸不僅是同個模子刻出來的，連雕刻般的漂亮鼻子都跟爸爸一樣，而且爸爸看起來根本像是「歐巴」不像是長輩！而雖然SANA跟媽媽沒有特別相像，但她的媽媽也是個超級大美人，跟SANA站在一起簡直就像是姊妹不像母女，看起來相當年輕。

嬌滴滴的聲音惹人喜愛，TWICE中的超級放電機就是她

TWICE的大熱歌曲之一「Cheer Up」中，有句由SANA負責演唱的歌詞「shy shy shy」曾經爆紅到造成韓國全民模仿的風潮，連演藝圈的男星、女星也都搶著模仿製造效果，包括EXO的伯賢、BIGBANG的G-Dragon、女演員金裕貞、少女時代隊長太妍……等人。為什麼這句短短的英文歌詞會引起這麼大的效應呢？原來是SANA演唱「shy shy shy」時，因為需要快速唱出這句英文，所以發音聽起來很像「sha sha sha」，而意外成了紅極一時的韓文流行語「샤샤샤（sha sha sha）」，當時還登上韓國熱搜關鍵字排行榜，造成網路廣大的討論聲浪，網友紛紛表示這句歌詞真的很容易中毒呢！

《TWICEcoaster：LANE 1》專輯發行時，TWICE的成員們曾大方爆料私下她們在宿舍的生活，當時被問及TWICE中，哪一位成員在宿舍最懶得打掃時，

娜璉毫不猶豫爆料說是SANA！而該張專輯中有首適合晚上睡前聆聽的歌曲「好好睡，晚安」最後出現了SANA的口白，是歌曲的一大亮點，她溫柔地說著：「今天也辛苦了，我會去夢中找你們喔~好好睡吧，good night！」她充滿電力又帶點撒嬌的聲音，真的很有魅力讓人很難不入坑啊！另外，SANA在TWICE的日文單曲「BDZ」音樂錄影帶前序也負責了口白的部分，更擔任了女主角的重責大任。

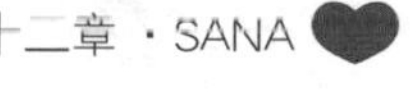

擁有流利的韓語實力，連韓文書法字都寫得漂亮

SANA小時候於日本學習過書法，因此寫了一手好字，她曾在韓國綜藝節目《我的小電視》、《Weekly Idol》展現過書法方面的才華，端正的字體讓人驚為天人，寫書法時的氣質模樣更是讓人不得不愛啊！而身為日本人的她，不只日文字、漢字寫得漂亮，連韓文字也都寫得很好看，曾被稱讚「韓文字寫得比韓國人好」呢！

不僅如此，SANA的韓語程度在外籍藝人之中算是非常不錯的，更曾被音樂節目《The Show》評為上、中、下三級的中級程度，雖然還不到上級的韓文外語實力，但畢竟評鑑當時，她只在韓國待了短短的三年半時間，現在再次測試應該有機會獲得上級了。而許多粉絲都親眼見識過SANA在韓國綜藝節目上流利的韓語，雖然還是有點日文的口音，但隨著在韓國發展的時間越來越長，相信有朝一日，SANA一定能說出連韓國人都分辨不出來是外國人的韓文道地標準口音！

初次挑戰主持工作，超有架勢不怯場

TWICE 發行第五張迷你專輯《What is Love ?》時，於首爾舉行的發售紀念 showcase 上，由 SANA 擔任主持工作。雖然是頭一次在發片活動上身兼主持人，但她一點兒也不緊張，開開心心接下這個任務，而且還順利帶動起現場氣氛，很有架勢呢！說話總是嬌滴滴的 SANA 當時還信心滿滿地說：「今天的 showcase 活動上，我要努力發掘 TWICE 成員們活潑可愛的魅力！」而其他成員和粉絲們也都為了她的主持工作吶喊加油呢！《What is Love ?》專輯中的歌曲「Sweet Talker」中，由 SANA 負責演唱的部分特別受到喜愛，志效還說：「我最喜歡『Sweet Talker』中 SANA 演唱的部分。」定延更曾透露說：「寫這首歌的時候，我就覺得 SANA 的那部分非她莫屬，她的聲音真的讓人聽了幾乎要融化了！」

第13章

子瑜

❤姊姊寵愛的實勢忙內❤

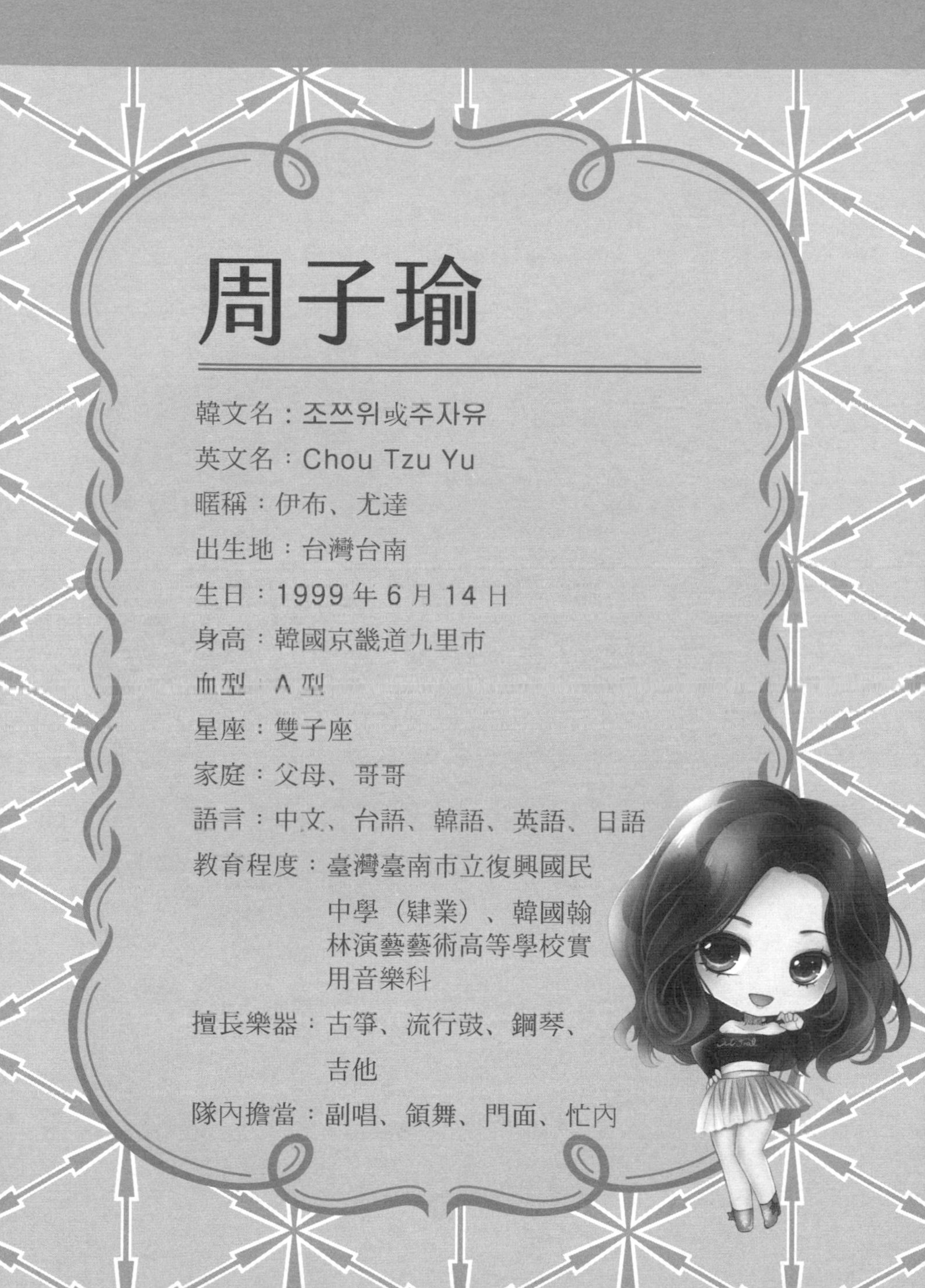

周子瑜

韓文名：조쯔위或주자유

英文名：Chou Tzu Yu

暱稱：伊布、尤達

出生地：台灣台南

生日：1999 年 6 月 14 日

身高：韓國京畿道九里市

血型：A 型

星座：雙子座

家庭：父母、哥哥

語言：中文、台語、韓語、英語、日語

教育程度：臺灣臺南市立復興國民中學（肄業）、韓國翰林演藝藝術高等學校實用音樂科

擅長樂器：古箏、流行鼓、鋼琴、吉他

隊內擔當：副唱、領舞、門面、忙內

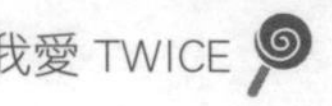

年紀小小十三歲就隻身前往韓國，夢想的旅程全面啟動

TWICE之中唯一的台灣成員周子瑜，原本只是個出生於台南的單純女孩，因為熱愛跳舞，小小年紀就開始學習芭蕾，十三歲開始在「美思表演藝術中心」學習街舞。2012年，還是國中生的她參與了「美思表演藝術中心」的成果發表會，她跳了蕾哈娜的歌曲影片剛好被JYP娛樂的經紀人看到，姣好的外貌和身材以及舞姿馬上就吸引了韓國經紀人的視線，邀請她前往韓國進行練習生的徵選。2012年11月，和家人討論之後，子瑜決定為了追尋演藝夢想遠赴韓國參與徵選，後來隔月順利成為JYP娛樂的練習生，年紀小小只有十三歲的她，從此展開了辛苦的異地生活。

家住台南的周子瑜，國中就讀於台南市的復興國中，教過她的施錦治老師曾透露，子瑜在國中一年級時曾擔任班上的副班長，二年級時就常常在班上的活動展現舞蹈方面的才能。子瑜在學校更是人緣非常好的女生，當同班同學生和同校其他同

學知道她要去韓國當練習生時，大家都很捨不得她離開台灣。老師更透露，子瑜的學科雖然不是班上最強的，但是在上台報告時總是台風穩健，平時更是認真負責的好孩子。

回台參加同等學歷考，至韓國繼續升學

開始韓國的練習生生活後，子瑜先於韓國漢城華僑中學完成國中學歷，但讀到國三上學期時，因要與其他JYP娛樂的練習生一起參加《SIXTEEN》選秀節目，只好休學先準備選秀、為了出道的夢想打拼。雖然事業和學業難以雙重兼顧，但順利以TWICE的成員出道後，子瑜還是不忘學業的重要性。2016年3月，她曾抽空回台灣完成國中同等學歷的資格考試，而後繼續到韓國升學唸高中，就讀於翰林演藝藝術高等學校實用音樂科，與同團的彩瑛是同班同學，2019年2月畢業後決定將把重心放在演藝事業上，暫時不繼續升學。

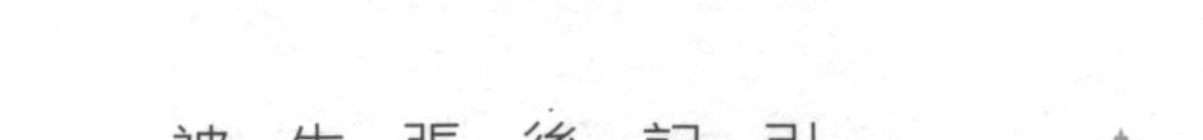

到善化國小參加同等學歷考，簽名課桌椅的意外小插曲

2016年3月，子瑜在TWICE爆紅的時候回台灣參加同等學歷考試時，引發了台灣媒體的強烈關注，因為那是她出道後首次回台，連參加考試的途中都有記者跟拍。當時，子瑜應考的考場在台南市善化國小，考場的工作人員在考試結束後，主動邀請她在教室的課桌椅上親筆簽名，供學校留作紀念用，而校方後來將這張桌子在川堂上展示供學生們參觀引發社會不當觀感，有議員更直指此舉有引導學生破壞公務的疑慮，無端被捲入紛爭的子瑜肯定始料未及，公眾人物的一舉一動都被放大檢視，小小年紀的她承受的壓力，絕非同年紀的女孩可以想像。

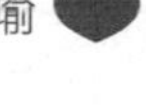

真正的台灣之光，土生土長的漂亮女孩

韓流興盛的十年以來，KPOP界的偶像團體成員中，身上流有台灣血液的人，子瑜並非第一人，但是純台灣血統又土生土長的人，她完完全全是第一位哦！在子瑜之前，同屬於JYP娛樂的師兄團體GOT7的成員Mark（段宜恩），其父親是台灣台南人，母親是台北人，但Mark在美國出生也在美國求學。曾屬SM娛樂女子團體f(x)的成員Amber（劉逸雲），父親也剛好是台灣台南人，而母親也是台北人，剛好Amber和Mark一樣都是在美國生活長大的台灣人。另外，還有曾屬於SM娛樂的SUPER JUNIOR M成員HENRY（劉憲華），他的母親是台灣屏東人，父親則是香港人，身上流有一半台灣血統的他，則是在加拿大出生長大。

因為人氣第一名成了追加成員，順利加入 TWICE 閃亮出道

子瑜在 2015 年的生存實境節目《SIXTEEN》之中，是節目第四位公開真面目的成員，因為擁有漂亮的外表和高挑的身材，她在節目裡有著「完美無瑕最強比例」的美稱。不過即使非常努力、表現也不錯，但在《SIXTEEN》最後的任務中，子瑜並沒有挑戰成功，在十二位練習生最終選出的七位 TWICE 成員原本沒有她，但是，後來情勢大反轉，最後 JYP 娛樂決定臨時追加兩位成員，在參考觀眾人氣投票第一名的結果，以及節目中實力進步最多成員為依據，子瑜成了追加成員的兩位之一（另一名為日本成員 MOMO）。

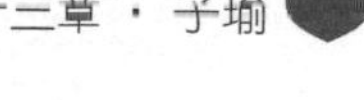

扮演「三分鐘女友」，詮釋「完美女神」，觀眾笑爆

2016年10月29日，於tvN電視台播出的綜藝節目《SNL Korea》，TWICE成員們集體上節目錄影，扮演各類型的「三分鐘女友」。其中，子瑜扮演的女友類型為「三分鐘畫報女友」，盡情展現了出現在生活中的女神風貌。一出道就以亮眼的外貌和出眾的氣質受到韓國粉絲喜愛的子瑜，在節目中詮釋了一舉手一投足都像是從畫報中走出來的女友。而飾演男友的劉世允，卻發現原來子瑜像是慢動作般女神出場的氣勢，是刻意放慢腳步走出來的，連不食人間煙火般長髮飄逸回頭的畫面，都是靠電風扇吹起的啊！這段劇情的設定超級爆笑，也讓粉絲們發現其實子瑜頗有成為演員的潛力呢！

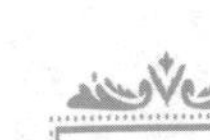

連續四年入選百大美女，蟬聯「亞洲最美」

美國電影網站「TC Candler」已連續幾年於年底公布「全球百大美女排行榜」，造成的討論話題度之高，每每都造成各國媒體競相報導，而哈韓粉絲們也特別關注這個排行榜，原因就是榜上總有不少韓國明星，甚至咱們貨真價實的「台灣之光」子瑜更是在出道後年年上榜呢！TWICE剛出道的2015年，子瑜就以第十三名入榜，隔年更因知名度躍升為第八名！

2017年時，子瑜在「全球百大美女排行榜」的成績更厲害了，不但打敗了連續兩年獲得的第三名After School成員NANA，也因為前兩名美女為美國女星莉扎索伯拉奧、法國模特兒黛蘭布蘭多，因此子瑜算是全球百大美女中的「亞洲冠軍」呢！此外，2017年的排行榜中，TWICE的日本成員SANA也上榜了，位居第二十一名。2018年的排行榜中，咱們子瑜再次入榜，每年都受到世界級的美女評鑑獲得好成績，果然是「台灣之光」。

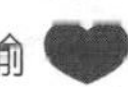

敏感的國籍問題意外引起演藝危機

TWICE的子瑜出道就爆紅，引發台韓兩地高度關注，看似一切順遂的星途，其實在出道第一年就引發過巨大的新聞事件，而且牽扯到敏感的政治性問題，因此更加複雜難解。2015年，子瑜在韓國的綜藝節目中，提到自己是來自台灣的女孩，並舉著韓國、中華民國兩支國旗揮舞，象徵台韓之間的友好，如同她們團中成員的好感情不分國籍一般。但台灣藝人黃安卻在微博上，公開大肆批評子瑜的這番舉動是「台獨份子」，讓中國許多網友因此被煽動，引發了難以收拾的局面，而那時中國原本已邀請TWICE出席的活動，更因此事件被迫終止。

敏感的政治事件引發TWICE發展的危機，絕對是始料未及的，為了平息中國各個單位及網友對於子瑜的抵制，2016年1月15日晚間，JYP娛樂竟然公開發表了子瑜本人親自唸道歉聲明稿的影片。片中憔悴不堪、受盡委屈的子瑜，讓台灣

的民眾和粉絲看了十分不捨，更別說是她的家人了，當時子瑜的媽媽更趕緊飛往韓國陪伴她度過低潮。「國旗事件」的衝擊帶給尚未成年的子瑜巨大的傷害，連韓國粉絲都大膽力挺子瑜在節目中揮舞國旗的行為一點兒也沒錯，由此事件可以看出子瑜真的獲得很多韓國人的喜愛和支持呢！

台灣舞蹈啟蒙老師嘻小瓜，現在成了子瑜的超級粉絲

子瑜還在台灣時，擁有舞蹈長才的台灣藝人嘻小瓜曾是她的街舞老師，一直到現在，兩人仍然保持著聯絡，大概一年會見一次面，是至今感情相當不錯的師徒，由此可知子瑜就算出道大紅了，仍然十分念舊。嘻小瓜之前有段時間剛好在韓國進修舞蹈，2018年11月5日TWICE的新歌發表會上，他特地到場支持子瑜，兩人還開心地在後台相聚、大玩自拍，更一起比了愛心合影留念，看得出來私交很好。嘻小瓜不但誇讚子瑜越來越美麗，看到她站在舞台上發光發熱、充滿自信的模樣感觸特別深，甚至還忍不住當場感動落淚。

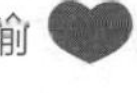

子瑜的哥哥低調不露面，媽媽是醫美界的美魔女

子瑜的個性不愛出鋒頭，在鏡頭前面話少而且講話總是輕聲細語，為人善良不做作的她，不管在螢幕前後都是一個樣子，難怪出道前受到同學師長的喜愛，出道後更是團中姊姊們疼愛的「忙內」。子瑜和家人的感情也非常要好，家中成員除了父母之外，還有一個哥哥、一個妹妹，之前曾有電視節目想邀請她的家人拍攝節目，但因為哥哥很低調不想露面只好作罷。而子瑜的媽媽開設醫美診所，在業界是赫赫有名的人物，也曾出席公開場合、上過電視分享醫美資訊。而子瑜的天生美貌就是遺傳自媽媽，兩個人站在一起就像是同一個模子刻出來的。

因食物想起媽媽的味道，子瑜節目上忍不住淚崩

子瑜隻身在韓國打拼，沒有家人陪伴的日子，雖然有成員們在身旁，多少還是會思念家鄉。某次，子瑜上綜藝節目《拜託了冰箱》，在吃了一口知名大廚李連福的料理後，因為美味的食物露出了燦爛的笑容，還說：「我小時候和家人一起吃過，好久沒吃到這個味道了，現在吃到覺得好幸福！」主持人問子瑜說：「吃到類似媽媽煮的菜，是不是會想起媽媽？」這句話像是按下子瑜心中思念家鄉的開關一樣，她突然沉默停頓幾秒後，接著低頭開始淚崩，眼淚一直不聽使喚流下來，成員們表示：「子瑜很少哭，通常都很堅強的，她連我們在音樂節目上獲得冠軍都不太會流淚。」而子瑜家除了經營醫美診所外，還在台南開了一間人氣頗旺的「首璽咖啡」，許多人都是衝著子瑜的名氣而來，而她休假回台時也在店內現身過幾次哦！

子瑜又哭了，這次不是思鄉而是為了兔子？

子瑜的台南家中有隻可愛的吉娃娃，把狗狗當家中一份子的她，常常會說很想念牠，還常常在SNS上放狗狗的照片，更曾說，自己的願望是放假回台灣幾天陪狗狗玩，由此可知，她有多愛動物了。而且子瑜不只是對自己的寵物才有感情，TWICE曾在濟州島拍攝「SIGNAL」的MV，畫面中有兔子「參與演出」，拍攝完成後，導演開玩笑說要就地放生那隻兔子，她聽到導演打算這麼做，竟然當場就哭了起來，子瑜事後解釋說：「我不知道導演是開玩笑，當下我以為他說的是真的，就覺得放生兔子的話，兔子好可憐，因此忍不住就落淚了。」而彩瑛也曾爆料說：「子瑜平時看動物節目時，也常常會看到哭呢！」從這些舉動看來，子瑜真的是位個性純真、內心溫暖的女孩啊！

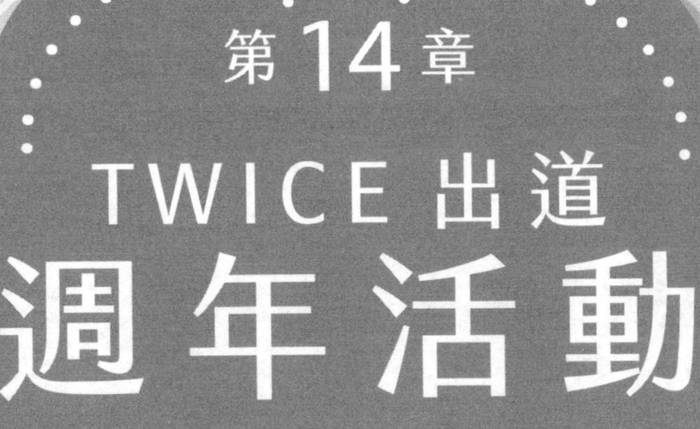

第14章 TWICE出道週年活動

❤驚喜不斷感動滿滿❤

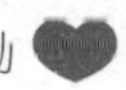

2016年10月20日，出道週年開直播慶祝

迎接出道滿第一年時，TWICE尚未舉行過粉絲見面會，因此她們當時在百忙之中，抽空聚在一起為了粉絲們直播，以這種簡單卻能貼近全球各地ONCE們的方式一起慶祝。當天直播的內容之中，最讓人印象深刻的就是團中忙內子瑜的「螢幕初吻」啦！在慶祝出道週年的直播中，有人提起子瑜曾經答應過娜璉要在生日時獻吻的事情，但生性害羞的子瑜卻故意假裝失意，一直否認自己承諾過此事。

不過在TWICE出道滿一週年這麼重大的日子裡，子瑜怎麼可能逃過一劫？於是，忙內子瑜只好乖乖就範，她和娜璉兩人跪坐在直播鏡頭面前，一開始還搞笑地表示要大膽地嘴對嘴親吻，沒想到其他成員聽到後，故意發出嫌棄的大叫聲！最後，子瑜和娜璉決定保守地親親臉頰就好，子瑜還故意發出超級響亮的親吻BOBO聲，甚至還留了口紅印在娜璉的臉頰上呢！

2017年出道兩週年，首次舉行粉絲見面會

出道第二年才舉辦官方粉絲見面會的TWICE，在2017年10月14日、15日連續兩天，於出道滿兩週年的前夕，在慶熙大學和平殿堂舉行了出道以來的首次見面會《ONCE BEGINS》，而這也是官方粉絲會於2017年3月招募粉絲後的第一期活動，因此對九位成員和粉絲們來說，都別具特殊的意義。

首次粉絲見面會《ONCE BEGINS》共吸引了七千名粉絲一起參與，TWICE事先準備了令人驚喜的演出，一開始，成員們身穿上了出道服裝表演成名曲「Like OOH-AHH」，一開場馬上獲得了全場粉絲的歡呼，因為大家都是因為這首歌曲開始認識TWICE。活動上，TWICE除了表演經典歌曲「CHEER UP」、「TT」、「SIGNAL」、「One in a Million」、「Like a Fool」、「PONYTAIL」等，最讓人大開眼界的是，成員們穿上套裝登台表演了前輩少女時代的歌曲「GENIE」，向前輩致敬的這段演出，大受粉絲們好評呢！

由於這是 TWICE 出道後的首次粉絲見面會，加上又是出道兩週年的活動，因此活動結束後，TWICE 的內心特別感動，充滿了滿滿的感謝之意。TWICE 更於官方 Instagram 上傳了成員們的紀念合照，她們留言對粉絲們說：「ONCE ♡ TWICE 2週年，真的非常恭喜！一連兩天的粉絲見面會，真的是相當幸福的時光ㅎㅎ，我們以後也要一起共享幸福歡樂的時光喔♡ㅎㅎ」、「一直以來非常感謝大家……♡♡♡ 我們的 ONCE！！晚安囉～ㅎㅎㅎ #ONCE #TWICE #2週年♡」。

出道三週年紀念活動，萬聖節的驚喜大變裝

2018年10月28日，TWICE 在首爾延世大學露天劇院舉行了《ONCE HALLOWEEN》出道三週年的粉絲見面會，由於適逢萬聖節到來，因此這次的主題以萬聖節的裝扮為主題。TWICE 成員們在粉絲見面會上，毫無顧忌地驚喜大變身，讓粉絲們和網友們大喊：「TWICE 真的是完全沒有偶像包袱的女子偶像團體，她們

的表現太有趣了！」九位成員為了應景和帶給粉絲們驚喜，不管是妝容或是服裝造型都下足了功夫，難怪能獲得廣大的好評。

隊長志效的臉上塗滿油彩扮演「印第安公主」、巴掌般臉蛋大小的娜璉扮成性感又可愛的「貓女」、定延扮成日本動畫《神隱少女》中的「無臉男」、MOMO扮成《101忠狗》裡的反派角色「庫伊拉」、SANA扮成《愛麗絲夢遊仙境》的「紅心皇后」、MINA變身「埃及木乃伊公主」、多賢扮成讓人看了覺得怕怕的「安娜貝爾」、染著綠髮色的彩瑛扮成「小丑」、子瑜誇張地把整臉畫成藍灰色還畫了八字眉變身為「地獄新娘」。

不得不說，TWICE的九位成員不但不計形象也十分用心，變裝、變身後的她們，其實不太容易認出本尊是誰。TWICE成員們的這項驚喜舉動，更讓人稱讚她們真的是「寵粉魔人」，只要是為了讓粉絲開心，她們好像什麼事情都願意去做、去嘗試，真的是很棒的偶像呢！而見面會上，TWICE就以這樣的裝扮在舞台上表演，

別說她們自己忍不住數度笑場，台下的粉絲們更是笑成一團，而且因此更愛自然不做作的 TWICE 啦！

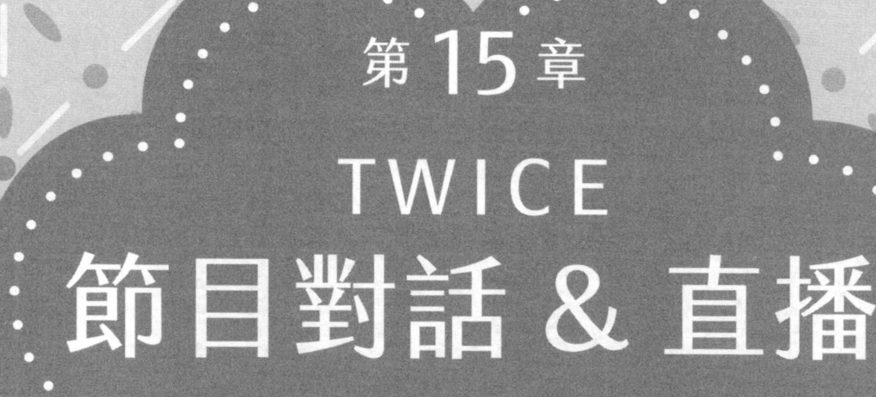

第15章

TWICE 節目對話 & 直播

❤有趣花絮全都錄❤

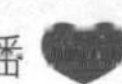

《一週偶像》的綜藝節目常客，「隨機舞蹈」反應極佳

出道以來，TWICE 上過不少次《一週偶像》，尤其是推出新專輯的宣傳期，這是韓國偶像必上的綜藝節目。這個節目帶起了偶像「隨機跳舞」、「幾倍速」的熱潮，因此 TWICE 上節目時，也接受過自己歌曲隨機舞蹈的挑戰！

某次錄影，TWICE 接受了製作單位的考驗，現場隨機播放 TWICE 的歌曲時，成員們要跳出正確的舞蹈才算過關，如果失敗就得接受主持人「敲頭」的懲罰。當播放「CHEER UP」後轉為「SIGNAL」歌曲時，彩瑛和子瑜兩人的動作和其他成員不同，MOMO 站出來指出是子瑜跳錯了，但子瑜認為是彩瑛跳錯。而成員們最後一致認為跳錯的是子瑜，因此她得接受懲罰，沒想到主持人突然展現佛心，表示自己不曾懲罰過高中生，說自己下不了手，這時，多賢竟然超有姊姊風範地說：「我來替她挨打吧！」，此舉讓主持人決定誰都不處罰呢！最厲害的是，這集節目播出後，實事求是的粉絲們竟然找了「SIGNAL」的音樂錄影帶出來比對舞蹈動作，

粉絲們驚覺子瑜真的沒有跳錯，看來忙內那次雖然沒有受罰，但是卻意外地背了跳錯舞蹈的黑鍋了啊！

後來，現場播放 TWICE 的大熱歌曲「TT」時，定延不小心走錯位置，難逃被主持人敲頭命運的她，竟然撒嬌地說要以交換電話號碼，來徵求一位願意替她接受懲罰的人，而這招還真的有效，主持人馬上答應替她受罰，還直接把槌子遞給定延要她打他的頭，超級爆笑的畫面讓其他 TWICE 成員們笑個不停！

《崔華靜的 Power Time》告訴你日韓文化差在哪？

TWICE 之中的三位日本成員：MOMO、SANA、MINA，曾在發行特別專輯《Summer Nights》宣傳期間，上了廣播節目《崔華靜的 Power Time》與大家暢談日本、韓國兩地的文化差異。由於入境隨俗也好幾年了，三位來自日本的女孩早已對韓國和韓文相當熟悉，因此她們在該張專輯中，還首次嘗試創作韓文歌詞，「Shot thru the Heart」這首歌就出自她們之手，讓許多人對她們的努力感到相當佩服，畢竟身為外國人在韓國打拼已不容易，她們克服了文化差異和語言障礙之外，竟然能以外語作詞，為了融入韓國音樂市場下足了功夫。

MOMO、SANA、MINA 也分享了她們創作韓文歌曲的過程，MINA 更透露她們是先聚在一起討論歌曲的故事完成架構，而身為日本的她們，討論時是直接以她們熟悉的母語日文！討論之後，開始著手寫詞時，她們再以韓文來表達，因此對她們來說，這次的作詞經驗相當新鮮有趣，雖然過程會遇到一些語言方面的困難和

阻礙，但是經由她們討論或請教韓國成員後，都順利解決了問題。

SANA特別提到歌曲「Shot thru the Heart」中，使用不少次「자꾸（一直）」這個詞，她表示，她特別喜歡這個韓文單字。另外，MOMO和MINA也有特別偏愛的韓文字，MOMO說：「很多人都很熟悉的『오빠（歐巴、哥哥）』，由韓國女生嘴裡說出來真的很可愛，所以我喜歡這個字。」三位日本成員更表示，日文裡頭沒有類似韓文「오빠（歐巴、哥哥）」的稱呼，日本人對於年長一點的人，會直接在名字後加上敬語，而且日文的「哥哥」就是指「親哥哥」。MINA特別喜歡的韓文字是「뽀뽀「BOBO、親親）」，可愛又喜歡撒嬌的SANA還馬上配合地說了這個字呢！MOMO也提到韓日的語言差異，她說：「日文裡的親親會以『チュー（chu）』來表達，而不是使用『뽀뽀（BOBO、親親）』。」不過，不管是「뽀뽀（BOBO、親親）」或「チュー（chu）」，發音都相當可愛呢！

《認識的哥哥》中，透露 TWICE 團裡的終極祕密

TWICE 的九位成員每回出現在公開場合上，總是不吝嗇展現她們自然的互動，讓人感受到她們毫不做作的樣子，而大家從小地方就可以感覺得出來，她們的感情真的十分要好，讓許多女粉絲都很羨慕能有一群這樣的姊妹淘呢！不過，在宿舍生活中，TWICE 裡頭竟然有位成員，偶爾會做出讓其他成員感到有點怕怕的舉動，到底是誰這麼有威嚴？又是為了什麼事情呢？

在 TWICE 某次錄製綜藝節目《認識的哥哥》時，成員們大膽抖出了這位成員來，原來～原來～那個人就是定延啊！到底看似可愛好相處的定延，有什麼地方讓成員們感到害怕呢？娜璉出面解釋說：「如果我們其他人把宿舍弄得很亂，或是沒有做好垃圾分類時，定延就會拿出手機拍照留下證據，然後把照片傳到群組裡給大家！而且她只傳照片，一句話都不會留！通常我們在群組裡看到那樣的照片，就會馬上回說對不起，接著趕快起身去清理現場。」最最最搞笑的是，平時那麼親近的

成員們，在這時候竟然對定延說的是「對不起」的敬語，看來成員們在這種狀況時，都對定延畏懼三分啊！

《認識的哥哥》中的哥哥之一金希澈，是眾所皆知的 MOMO 狂粉，TWICE 成員們在討論定延的威嚴舉動時，他像是突然找到發話點問說：「那團體之中，最不喜歡打掃的人是不是 MOMO 呢？」定延否認說：「MOMO 算是個很喜歡打掃、整理家裡的女孩。」由於金希澈只針對 MOMO 提問意圖明顯，讓另一位哥哥李壽根開玩笑對金希澈說：「你是不是想把 MOMO 清理掉？」這番幽默的言論讓 TWICE 成員們當場笑成一團。而成員們也意外提及，MOMO 是個很大方的女孩，自己是吃貨之外，也愛請成員們吃宵夜，喜歡和大家一起分享美食。

TWICE 成員們住在一起，除了工作之外，生活起居也都在一起，因此有許多時候需要一起添購生活必需品或食物，所以她們在節目上也透露，每位成員每個月都要交二十五萬韓元給隊長志效，作為宿舍的公用基金。而這筆費用主要就是用在宿

舍的各項花費上，包括成員們生日時，也會從裡頭提撥一些錢來準備壽星的禮物。

這集《認識的哥哥》播出後，ONCE們就搞笑地表示，算一算，一年大概會收到兩千七百萬韓元，志效不如就拿著錢捲款潛逃吧！

韓國偶像 V Line 直播，子瑜、彩瑛令人笑到爆

TWICE 同年出生的雙忙內彩瑛、子瑜，雖然都是團中的老么，但是她們的身高卻相差有點懸殊，因為年紀最小的子瑜身高超過一百七十公分，黃金比例的身材令人超羨慕啊！而個子稍微嬌小的彩瑛站在子瑜身邊，有時會有種「小鳥依人」的感覺，甚至在某次直播時，子瑜的一番話還不小心讓彩瑛默默中箭了！

拿著攝影機進行直播的彩瑛，一邊拿著攝影機拍攝子瑜和她自己、一邊說話，子瑜突然貼心地問彩瑛說：「妳一直拿著攝影機拍攝會不會很累？」彩瑛聽了覺得子瑜真窩心，難道是她看起來很疲倦才擔心她累嗎？沒想到子瑜出乎意料地說：「妳拍的時候，鏡頭一直切到我的頭了！」子瑜一開始的委婉問話，提出換她拿攝影機拍攝的要求，真是太過委婉了啦！由此可見，咱們「實勢忙內」子瑜果然很厲害，這句話完全讓彩瑛招架不住，頓時笑到跑出鏡頭外啦！

擔任IU十週年演唱會嘉賓，獲得偶像贈禮超級開心

韓國女歌手IU在2018年11月17、18日兩天，在首爾舉行出道十週年的演唱會，特別邀請了TWICE擔任特別嘉賓，為演唱會表演兩首歌曲，讓台下的觀眾都十分驚喜！由於IU和TWICE互為彼此的粉絲，所以在舞台上的互動超級有愛啊！TWICE之中的兩位成員娜璉和志效，原本就是IU的忠實粉絲，因此她們兩人能以TWICE的身分擔任偶像的特別嘉賓，顯得格外興奮、榮耀。IU也故意搞笑裝嫉妒地對粉絲說：「TWICE上台演出時，是我在台下的休息時間，但我聽到粉絲們都在合唱她們的歌曲，頓時還誤以為這裡是TWICE的演唱會。台下的各位表情都好幸福哦，我真的真的非常喜歡TWICE。」

演唱會之後，身為IU超級粉絲的娜璉，史在2018年12月1日的V LIVE頻道開直播與ONCE聊天，透過直播和大家分享了IU送她的禮物── GUCCI的戒指

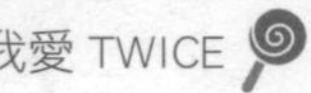

和CHANNEL的鞋子。直播中，娜璉開心地對著鏡頭展示自己戴在左右手無名指的戒指說：「這是IU前輩送我們的禮物，由於這是她送我的禮物，所以我永遠都不要把它拿下來了！」娜璉這個超級粉絲的可愛瘋狂舉動，真是讓觀看直播的娜璉粉絲，笑說自己的偶像原來私下也有粉絲的一面啊！娜璉還補充說：「IU前輩本來要送蘋果手機作為演唱會嘉賓的謝禮，但是我本來已經有蘋果手機了，所以她就改送我鞋子，她送的鞋子是我此生最愛的一雙啊！」此外，IU送禮給擔任演唱會嘉賓的TWICE九位成員，這超級大方舉動，也成了粉絲圈中的一大討論話題呢！

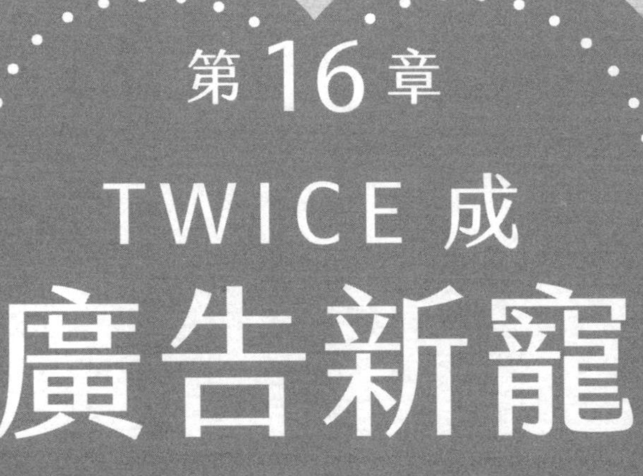

第16章

TWICE成廣告新寵

❤代言接不停❤

2011年，2016年～2017年代言SPRIS運動品牌

娜璉出道前就拍攝過SPRIS運動品牌了，而TWICE出道後的第二年，全體成員被廠商看中了她們對青少年的影響力，因此連續兩年找上她們代言，刺激了年輕族群的消費能力。當時，SPRIS運動品牌還和TWICE一起推出了限量的帆布聯名鞋款系列「Star Line」，每位成員分別推出代表色，成了ONCE們爭相收藏的商品。成員們穿過的鞋款在型錄上曝光後果然刺激了消費者的購買力，而後來更推出皮質系列鞋款「TWICE Touch」，彷彿穿上後就和她們touch了一般，難怪當時又再次造成一陣熱賣！

2011年代言TN化妝品牌

TWICE出道之前，就有成員悄悄在廣告代言中出現過囉！由於她們屬於JYP娛樂的簽約練習生，因此公司內的師兄師姊若接拍廣告，很容易有機會被推薦一同參與廣告演出，順便藉此練習面對鏡頭的膽量。2011年的「TN化妝品牌」廣告代言中，就因為師姊「國民初戀」裴秀智的關係，志效、娜璉也參與部分拍攝工作！

2015年～2017年代言SKOOLOOKS校服品牌

TWICE一出道後就迅速擁有高人氣，因此當紅年輕偶像必拍的校服廣告，她們當然也拍攝了，而且算是她們首次全體成員接拍的第一支廣告！穿上符合她們實際年齡的青春校服，不但輕鬆展現了該品牌想傳達的風格，她們拍攝時也因為穿上校服，與平凡的學生身分更加拉近了呢！廣告拍攝分為三部分，TWICE九位成員分為三組拍攝，分別是SANA、MINA、娜璉，MOMO、定延、多賢，彩瑛、志效、子瑜。而因為持續不墜的極高人氣，TWICE連續三年都接下了SKOOLOOKS校服品牌的代言工作，這也代表了幾年間，她們依然穩坐女團冠軍寶座！

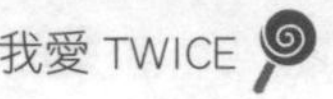

2015年～2017年代言KB國民銀行信用卡

以往總是給人正經八百形象的銀行業，在韓國有了大反轉，近年來，韓國各大銀行都找了大勢偶像擔任代言人，而TWICE更是厲害，她們在出道第一年就擔任了銀行信用卡的代言人，而且代言時間長達三年之久。KB國民銀行除了邀請過TWICE擔任代言人外，也曾找過韓國滑冰選手金妍兒、BTS防彈少年團，果然都是非常具有影響力的年輕偶像。

2015年～2018年代言LG手機品牌

能夠擔任手機代言人也算是對藝人高人氣的肯定，而TWICE在出道第一年時就受邀擔任LG U的代言人，連續代言兩年的時間，於2017年更代言了LG V30手機。

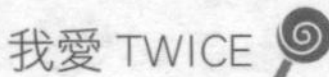

2016年代言大型手遊英雄軍團

韓國遊戲公司NEXON於2016年邀請TWICE拍攝代言廣告，片中最引起台灣粉絲注意的就是台灣成員子瑜對心儀學長告白的畫面，廣告片一開場，子瑜就現身於浪漫的櫻花樹下，以有點害羞又甜蜜的心情告白，這一幕擄獲了許多男性玩家的心，後來，廣告結尾也以她為主，她一句「現在要跟我們一起玩嗎？」的台詞，簡直要引起宅男暴動了啊！而TWICE其他成員也電力大爆發，成員一一說出「一直偷偷看著你」的廣告台詞，真的撩了不少男性玩家呢！而在TWICE之前「英雄軍團」的代言人也都是當紅女團，包括AOA、Secret、Apink、Girl's Day。除了「英雄軍團」之外，TWICE還代言過其他遊戲，例如「艾爾之光」、「Sudden Attack」、「沉睡森林」。

2016、2017年分別代言NBA服飾、MLB服飾

街頭風格的流行服飾，深受年輕偶像和青少年族群喜愛，中性風格的打扮有時候更能顯現出甜美少女的另一番面貌呢！TWICE於2016、2017年代言的NBA、MLB服飾就完完全全讓九位成員們跳脫專輯形象的風格，展現了她們不同於以往的甜美帥氣形象，這也證明了，她們擁有能夠完美消化多種服裝風格的能力。

2017年~2019年代言韓國寶礦力水得

2017年，TWICE的寶礦力水得保健飲料廣告讓大家眼睛一亮，因為九位漂亮可愛的成員在片中穿著簡單的T恤、熱褲，不但充滿了年輕的朝氣，也毫不吝嗇大方展現了好身材！特別是台灣成員子瑜的長腿、蠻腰，讓粉絲直呼正翻天了，片中，她站在滑板上的模樣，緊緊抓住了人們的視線啊！寶礦力水得保健飲料來自日本，這也是該品牌三十幾年來第一次找偶像女團代言，廠商當時就表示，TWICE自然不做作的開朗形象，完全符合產品訴求，當然「吸金」能力也是主要考量因素，連續三年都獲得廠商青睞，邀請她們繼續擔任代言人。

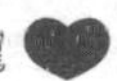

2018年代言嬌生安視優ACUVUE隱形眼鏡

深受女性喜愛的隱形眼鏡品牌，也看準了TWICE的吸金能力，由於隱形眼鏡擁有多種顏色或放大的效果，因此找來擁有各種眼神的TWICE九位成員來詮釋商品，真是再適合也不過了！廣告片中，每位成員極盡電眼放送之能事，依照每位成員的不同魅力和特色，拍攝了性感、酷勁、經典、泡泡般夢幻、可愛、自然……等風格，而且廣告片不僅在韓國播放，連日本也有限定版本的廣告。

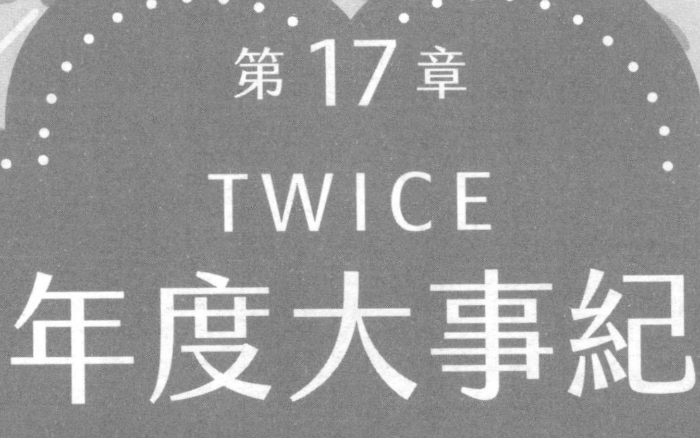

第 17 章

TWICE 年度大事紀

❤得獎紀錄、成就❤

2015 年正式出道，獲最佳女子新人獎	
10 月 20 日	TWICE 正式於韓國出道，推出首張迷你專輯《THE STORY BEGINS》，發表第一支主打歌「Like OOH-AHH」。
10 月 22 日	於音樂節目《M! Countdown》獻上第一個正式出道舞台。
11 月	第一次登上雜誌封面，11 月號《THE STAR》。
11 月 30 日	《SBS PopAsia Awards》上，TWICE 獲得「Best Rookie Group」提名。
12 月 2 日	TWICE 獲得第十七屆《Mnet 亞洲音樂大獎（Mnet Asian Music Awards）》「最佳女子新人獎」，並入圍「年度歌手大獎」。
12 月 11 日	《Simply K-pop Awards》上，TWICE 獲得「最佳新星女子組合獎」。

2016年「Cheer Up」、「TT」夯翻，人氣紅不讓

日期	內容
01月07日	因歌曲「Like OOH-AHH」音源逆襲各大排行榜，因此重回音樂節目打歌，也是繼 EXID 後第二組因音源逆襲而重返音樂節目打歌的團體。
01月09日	根據韓國 Gaon Chart 實體專輯銷售紀錄顯示，TWICE 首張迷你專輯《THE STORY BEGINS》銷售數字為 49904 張，為2015年韓國新人女團專輯銷售之冠！
01月14日	第二十五屆《首爾歌謠大賞（Seoul Music Awards）》獲得四項提名，分別為「本賞」、「人氣賞」、「韓流特別賞」、「新人賞」。
01月21日	第三十屆《金唱片獎（Golden Disk Awards）》，TWICE 獲得「唱片部門——新人獎」。
01月24日	第七屆《Philippines K-Pop Awards》，TWICE 獲得「年度女子新人獎」。
02月17日	第五屆《Gaon Chart KPOP 大獎》獲得「年度新人獎」提名。

日期	事件
02月28日	第十四屆《韓國音樂大獎（Korean Music Awards）》，TWICE獲得「年度新人獎」提名，並以「CHEER UP」獲得「年度歌曲獎」、「最佳流行歌曲獎」提名。
03月25日	第十屆《韓國有線電視放送大獎》，TWICE獲得「有線電視音樂PD票選最佳歌手獎」。
04月04日	《THE STORY BEGINS》實體專輯銷售量突破七萬張，成了韓國女團史上，出道專輯突破七萬張的第二組女團，而第一組為2007年的少女時代出道專輯。
04月25日	TWICE推出第二張迷你專輯《PAGE TWO》回歸樂壇，主打歌「CHEER UP」火速於二十五小時內攻下韓國八大音源榜，達成「Perfect All-Kill」。
05月05日	TWICE出道第199天，於音樂節目《M! Countdown》中獲得出道以來第一個音樂節目冠軍，之後更累計達成十一冠王。
05月20日	「CHEER UP」歌曲刷新Melon音源排行榜紀錄，成為「2016年停留冠軍最長時間」的紀錄。

日期	事件
06月20日	Gaon Chart 綜合排行榜單中，「CHEER UP」獲得「數位」、「下載」、「串流」、「社交媒體」四項排行的週榜冠軍。歌曲「CHEER UP」以七十萬的音源下載量、第二張迷你專輯《PAGE TWO》以十一萬五千張的專輯銷量，位居2016年上半年度女團冠軍寶座。
06月28日	第十四屆《韓國年度品牌大賞》，TWICE 獲得「特別獎」。
08月12日	第二張迷你專輯《PAGE TWO》發行不到四個月內，累計銷售量大破十六萬張，成為2010年後出道的女團中，第一組專輯銷售量突破十五萬張的女團。
09月25日	JYP 娛樂公開 TWICE 的官方應援色。
10月19日	JYP 娛樂公開 TWICE 的應援手燈。
10月20日	TWICE 出道一周年紀念日，透過 V Live 直播公開迷你三輯收錄曲「ONE IN A MILLION」。
10月24日	攜迷你三輯《TWICEcoaster: LANE 1》回歸樂壇，主打歌曲「TT」火速登上韓國八大音源網站實時榜首。
11月01日	迷你三輯《TWICEcoaster: LANE 1》主打歌「TT」於音樂節目《THE SHOW》獲得冠軍，截至 2016 年底共累積十二座音樂節目冠軍。

11月02日	美國 Billboard 告示牌排行榜公布，迷你三輯《TWICEcoaster: LANE 1》和「TT」登上世界專輯榜第三名及世界單曲榜單第二名。
11月05日	日本 Oricon 公信榜公布，歌曲「TT」、迷你三輯《TWICEcoaster: LANE 1》登上海外音樂排行榜冠軍、專輯排行榜第十名。
11月06日	《MTV Europe Music Awards》，TWICE 獲得「Best Korean Act」提名。
11月16日	《亞洲明星盛典（Asia Artist Awards）》，TWICE 獲得「最佳藝人獎」。
11月19日	TWICE 獲得第八屆《甜瓜音樂獎（Melon Music Awards）》的「TOP 10」，並以「CHEER UP」獲得「年度歌曲」獎項，同時入圍當屆「年度專輯」、「網友人氣」、「年度藝人」獎項。
11月22日	第一屆《Naver V-app Awards》，TWICE 獲得「V清新獎」。
12月02日	第十八屆《Mnet 亞洲音樂大獎（Mnet Asian Music Awards）》，TWICE 獲得「最佳女子團體獎」，並以「CHEER UP」獲得「年度歌曲大獎」。同時入圍「年度歌手大獎」、「年度專輯大獎」。
12月19日	迷你三輯《TWICEcoaster: LANE 1》推出聖誕版本改版專輯《TWICEcoaster: LANE 1 - CHRISTMAS EDITION》。

2017年首次巡迴演唱會、日本出道、首張正規專輯

日期	事件
01月03日	「TT」音樂錄影帶以71天21分鐘的成績達成「音樂錄影帶最快達成一億觀看數」的韓國偶像團體。
01月06日	於音樂節目《Music Bank》逆襲奪下「TT」第十三個冠軍。
01月10日	JYP娛樂宣布TWICE展開首次巡迴演唱會《TWICELAND- The Opening-》。
01月13日	第三十一屆《金唱片獎（Golden Disk Awards）》，以專輯《PAGE TWO》獲得「唱片部門－本賞」提名，並以歌曲「CHEER UP」獲得「音源部門——本賞」、「音源部門大賞」。
01月17日	第八屆《Philippines K-Pop Awards》上，TWICE專輯《PAGE TWO》獲得「年度專輯獎」提名，並獲得「最佳女子團體新人獎」，更以「CHEER UP」獲得「年度歌曲獎」。
01月19日	第二十六屆《首爾歌謠大賞（Seoul Music Awards）》，TWICE獲得「本賞」、「舞蹈表演賞」，並以「CHEER UP」入圍「最佳音源賞」。
02月07日	透過日本官方Twitter，TWICE宣布將於日本正式出道。
02月08日	第二屆《Naver V-app Awards》，獲得「Global Top 10」獎項。

日期	事件
02月20日	發行特別版專輯《TWICEcoaster：LANE 2》，主打歌曲「KNOCK KNOCK」一上線，馬上登上韓國八大音源網站實時榜首。
02月22日	第六屆《Gaon Chart K-POP大獎（Gaon Chart K-POP Awards）》，TWICE以「CHEER UP」、「TT」獲得「音源部門年度歌手獎」。
03月02日	TWICE出道第500天，以「KNOCK KNOCK」於音樂節目《M! Countdown》獲得首個冠軍後，總累積九冠王。
03月02日	第十二屆《Annual Soompi Awards》，TWICE獲得「最佳女子組合獎」，並以「CHEER UP」獲得「突破藝人獎」、「最佳編舞獎」、「Best Stage Outfit」、「年度音樂錄影帶獎」、「年度最佳歌曲獎」提名，以《PAGE TWO》獲得「年度最佳專輯獎」提名及「年度藝人獎」提名。
03月10日	第十一屆《韓國有線電視放送大賞》，TWICE獲得「年度歌手獎」。
03月17日	第二十九屆《韓國PD大賞（Korean Producer Awards）》，TWICE獲得「最佳歌手獎」。
05月15日	TWICE發行第四張迷你專輯《SIGNAL》，登上韓國六大音源網站實時榜首。

日期	事件
05月24日	依據Gaon Chart的銷售數字統計，TWICE從出道專輯到迷你四輯，累計專輯銷售量已達到124萬張。當日，「SIGNAL」也於音樂節目《Show Champion》獲得首個一位，至6月16日，共總累積十二個音樂節目冠軍。
05月26日	「TT」音樂錄影帶公開第215天後，成了韓國偶像團體中，音樂錄影帶點擊次數最快突破兩億的MV。
06月28日	TWICE發行精選專輯《#TWICE》，正式在日本出道！
06月30日	TWICE登上日本電視音樂節目《MUSIC STATION》表演，當日表演歌曲為「TT-Japanese ver.-」。
07月02日	在東京體育館舉行日本出道showcase《TWICE DEBUT SHOWCASE "Touchdown in JAPAN"》，兩場活動共吸引一萬五千名粉絲到場。
07月10日	根據日本Oricon公信榜的專輯週榜顯示，TWICE日本出道專輯《#TWICE》於7日內已賣出130,594張，打破了韓國歌手兩年來專輯週榜最高首週銷售數字紀錄。
08月10日	日本出道專輯《#TWICE》出貨量超過25萬張，成為第一組韓國偶像團體獲得日本唱片協會頒發白金唱片認證。

日期	事件
08月30日	「SIGNAL」音樂錄影帶點擊次數破億。
09月20日	第一屆《Soribada 最佳音樂大獎》，TWICE 獲得「本賞」和「音源大賞」。
09月29日	TWICE 獲得美國 Billboard 告示牌選為「音樂界21歲以下次世代代表音樂人」之一，也是唯一上榜的韓國歌手。
10月05日	日本單曲「One More Time」音樂錄影帶公開。
10月14日	TWICE 榮登本月女子團體品牌信譽評價第一名。
10月15日	粉絲見面會《ONCE BEGINS》上宣布，將於10月30日攜首張正規專輯《Twicetagram》回歸。
10月16日	透過日本官方網站宣布，TWICE 從2018年1月19日起，於日本六大城市舉行巡演 SHOWCASE《TWICE SHOWCASE LIVE TOUR 2018》。
10月18日	TWICE 攜日本單曲「One More Time」回歸，該支單曲開賣首日已經售出94,957張，刷新韓國女團日語單曲首日銷售紀錄。日本單曲《One More Time》出貨量因超過25萬，再次獲得日本唱片協會頒發白金唱片認證。

日期	內容
10月30日	首張正規專輯《Twicetagram》發行，在正式發行前已創下高達33萬張的預售量。同日公開專輯《Twicetagram》及主打歌「LIKEY」音源後，馬上佔據六大音源網站實時榜冠軍。
10月31日	韓國文化體育觀光部、文化振興院，公開2017年《韓國大眾文化藝術賞》得獎名單，TWICE為得主之一。
11月07日	《Twicetagram》專輯登上美國Billiard告示牌世界專輯榜冠軍主打歌「LIKEY」以3千次下載次數，取得該榜世界數位歌曲銷量榜冠軍，是首組成為「雙冠王」的韓國女團。
11月15日	第二屆《亞洲明星盛典（Asia Artist Awards）》，TWICE獲得「歌手部門—人氣獎」提名。
11月16日	日本NHK電視台公布，TWICE出演《NHK紅白歌合戰》，成為繼韓國女團KARA、少女時代與男團東方神起後，相隔六年再次有韓國歌手參與該節目錄影。
11月26日	於音樂節目《Show Champion》取得「LIKEY」的首個冠軍後，累積達成七座冠軍。

日期	事件
11月29日	第十九屆《Mnet亞洲音樂大獎（Mnet Asian Music Awards）》，TWICE以「SIGNAL」獲得「最佳女子團體舞蹈大獎」、「年度歌曲大獎」。此外，TWICE也獲得「最佳女子團體獎」、「年度歌手獎」提名，並以「SIGNAL」歌曲及專輯獲得「最佳MV獎」、「年度專輯大獎」提名。
12月02日	第九屆《甜瓜音樂獎（Melon Music Awards）》，TWICE獲得「Top 10」獎項，並獲得「Kakao Hot Star賞」、「網友人氣獎」、「年度歌曲獎」、「年度藝人獎」提名。
12月03日	「LIKEY」音樂錄影帶以33天又23小時的成績成為「韓國女子組合最快達一億觀看數的MV」。
12月11日	TWICE以改版專輯《Merry & Happy》回歸歌壇，主打歌為「Heart Shaker」。當日公開音源後，佔據韓國全部音源網站的實時榜一位。截至2018年1月13日，「Heart Shaker」總計累積九座音樂節目冠軍。
12月23日	獲得日本第50回Oricon公信榜新人部門年榜的「歌手總銷售」、「單曲銷售」及「專輯銷售」三冠王，也是史上第一次稱霸新人部門三冠王的海外女團。

2018年 首次日本巡迴演唱會、首張日語正規專輯

日期	事件
01月10日	第三十二屆《金唱片獎（Golden Disk Awards）》，TWICE獲得「Ceci Asia Icon賞」，以專輯《Twicetagram》獲得「唱片部門－本賞」，以歌曲「KNOCK KNOCK」獲得「音源部門－本賞」。
01月12日	公開日文新單曲專輯《Candy Pop》以及同名主打歌「Candy Pop」。
01月22日	「Heart Shaker」經歷42天突破一億點擊次數，速度僅次於「LIKEY」，成為最多支MV點擊次數破億的女團。
01月23日	第三屆《Naver V-app Awards》，獲得「Global Top 10」獎項。
01月25日	第二十七屆《首爾歌謠大賞（Seoul Music Awards）》，TWICE獲得「本賞」，並獲得「人氣賞」、「韓流特別賞」提名。
02月02日	美國《時代雜誌》選出六大韓國偶像團體，六組團體中有兩組女團，分別是TWICE與Red Velvet。

日期	事件
02月07日	日文單曲《Candy Pop》正式發行，銷售超越首張日文單曲《One More Time》，開賣第一天賣出117,486張，再次刷新韓國女團日文單曲首日發行紀錄，首週銷量更超過25萬張，二度獲得白金唱片認證。
02月14日	第七屆《Gaon Chart K-POP大賞》獲得音源部門之2月、12月「年度歌手獎」。
02月19日	JYP娛樂公布，TWICE展開第二次巡迴演唱會《TWICELAND ZONE 2:Fantasy Park》。
02月24日	公開第二張日文單曲專輯《Candy Pop》收錄曲「BRAND NEW GIRL」MV。
02月27日	TWICE在日本《金唱片大賞》公開得獎名單中，獲得亞洲部門的「年度新人」、「三大最佳新人」、「年度專輯」、「三大最佳專輯」及「年度下載歌曲」五個獎項。
03月08日	「LIKEY」音樂錄影帶公開第129天後突破兩億點擊次數，TWICE成為「韓國女子團體MV最快達兩億觀看數」的歌手，也是擁有最多破億及破兩億點擊次數MV的韓國女子團體。

日期	事件
03月24日	JYP 娛樂宣布 TWICE 於4月9日以第五張迷你專輯《What is Love？》回歸，主打歌為「What is Love？」。
04月01日	JYP 娛樂宣布 TWICE 將於2018年5月16日以第三張日本單曲《Wake Me Up》回歸並在日本宣傳。
04月04日	第五張迷你專輯《What is Love？》預購量突破35萬張，刷新自身預購紀錄，成為出道以來最高預購量的實體專輯。
04月09日	《What is Love？》專輯發行及後，主打歌「What is Love？」火速登上各大音源網站實時榜首。「What is Love？」公開的第一個小時，於韓國最大音源線上串流 Melon 網站上，同時有63944人收聽，刷新自身紀錄，並成功登上13個國家的 iTunes 冠軍，達成「All-Kill」。
04月16日	第十三屆《Annual Soompi Awards》，TWICE 獲得「最佳女子組合」、「最佳編舞獎」、「Best Stage Outfit」、「年度最佳歌曲」、「年度藝人」、「年度最佳專輯」提名。
04月25日	公開日文新單曲專輯《Wake Me Up》以及同名主打歌「Wake Me Up」。

05月06日	於音樂節目《Show Champion》取得「What is Love？」首個冠軍後，總累積十二冠王。
05月15日	「What is Love？」音樂錄影帶公開第36天，成為TWICE第八首破億MV。
05月16日	第三張日文單曲《Wake Me Up》發行，發行前創下超過47萬的預購量，再次刷新自身紀錄。根據日本Oricon公信榜顯示，TWICE於5月14至20日期間奪得公信榜單曲排行冠軍。TWICE是第一組在日本Oricon公信榜中連續三支單曲都拿下冠軍及首週銷售超過20萬張的海外歌手。《Wake Me Up》也是第一個以單曲專輯得到日本唱片協會頒發雙白金唱片認證的海外歌手。
05月30日	JYP娛樂宣布TWICE為電影《君主！先發制人！》演唱主題曲，翻唱The Jackson 5的經典名曲「I Want You Back」，音樂錄影帶於6月14日釋出。
06月03日	日本官方網站向外宣布，TWICE於9月29日起，在日本四大城市：千葉、名古屋、神戶、東京舉行首次日本巡迴演唱會《TWICE Arena Tour 2018》。
07月09日	TWICE以第二張特別版專輯《Summer Nights》回歸韓國樂壇，主打歌「Dance the Night Away」迅速登上各大音源網站實時榜首。Gaon Chart專輯總銷量累積超過260萬張，成為最高專輯銷售量的韓國女團。

07月17日	日本LINE MUSIC發表2018年上半年音樂排行榜，TWICE拿下人氣歌手榜的「ARTIST TOP3」第一名。TWICE的歌曲在「上半年TOP10歌曲」中，日文單曲「Candy Pop」獲得第三名，韓文歌曲「Heart Shaker」獲得第四名，「LIKEY」獲得第六名。「綜合TOP100」中，韓文歌「What is Love？」獲得第十一名、日文版「TT」獲得第十七名，日文歌「BRAND NEW GIRL」、「Wake Me Up」及「One More Time」分別名列五十一名、五十三名和五十七名的，韓文歌「Merry & Happy」位居第九十名，日文歌曲「Candy Pop」在「BGM TOP5」中拿下第五名的成績。
07月18日	「Dance the Night Away」於音樂節目《Show Champion》取得首個冠軍後，截至8月11日前，總共累計十冠王。
07月28日	由於舞台基地出現傾斜狀況，被迫取消馬來西亞的演唱會。
08月05日	「KNOCK KNOCK」音樂錄影帶歷經531天後點閱數次數破兩億，成為第六支破兩億的MV。
08月17日	首張日文正規專輯《BDZ》的同名主打歌「BDZ」的音樂錄影帶發布，當日在日本Line Music Top100登上冠軍。

08月30日	第二屆《Soribada最佳音樂大獎》，TWICE獲得「本賞」和「音源大賞」。
09月01日	出席日本埼玉超級競技場的第27屆《Tokyo Girl's Collection 2018 AUTUMN/WINTER》。
09月07日	「Dance the Night Away」音樂錄影帶點閱次數突破一億。
09月12日	正式發行首張日文正規專輯《BDZ》。依據Oricon公信榜顯示，《BDZ》發行第一天售出89,721張，打破了韓國女子團體在日本發行首日的專輯銷售量。當月更以229,632張的銷售數字拿下「專輯銷量排行榜」月冠軍，之後也獲得日本唱片協會頒發白金唱片認證。
09月16日	首張韓文正規專輯主打歌「LIKEY」，經歷321天後，突破三億點擊次數。
09月17日	「TT」經過693天後，突破四億點擊次數，成為韓國第一組達到四億觀看次數的女子團體。
10月10日	TWICE季節限定周邊商品《TWICE Airlines》開始預購至10月31日。
10月11日	韓文迷你五輯《What is Love？》的同名主打歌，經歷184天後，突破了兩億點擊次數，成為TWICE第七首破兩億點擊次數的MV。

日期	事件
10月17日	JYP 娛樂宣布 TWICE 將於 2019 年在東京、名古屋、大阪巨蛋舉行演唱會，是首組在日本各大巨蛋巡迴演唱的韓國女團。
10月21日	日文單曲「STAY BY MY SIDE」被選為日劇《深夜的奇葩戀愛圖鑑》的主題曲，也是 TWICE 第一次為日劇演唱主題曲。
10月28日	於延世大學舉辦《ONCE HALLOWEEN》出道三週年紀念粉絲見面會。
11月04日	「CHEER UP」經歷 923 天後，突破三億點擊次數，成為 TWICE 第三支破三億點擊次數的MV。
11月05日	發行第六張韓文迷你專輯《YES or YES》，同日公開專輯音源，同名主打歌火速登上各大音源網站實時榜首，專輯並於17個國家登上 iTunes 專輯榜冠軍。
11月06日	第一屆《MBC Plus X Genie 音樂獎》，TWICE 獲得「年度最暢銷藝人獎」、「最佳女子團體獎」。同時獲得「年度歌手」、「Genie 音樂人氣獎」提名，並以「What is Love？」獲得「年度歌曲」、「女子最佳舞蹈獎」提名。
11月14日	於音樂節目《Show Champion》取得「YES or YES」首個冠軍後，而後總累計四冠王。

日期	事件
11月15日	第六十屆《日本唱片大賞》入圍中，TWICE 以銷售達 50 萬張的《Wake Me Up》，入圍「優秀作品獎」，該單曲曾獲得日本唱片協會雙白金唱片認證，是海外女歌手紀錄保持人，亦是本屆大賞唯一的韓國歌手，於 12 月 30 日揭曉。
12月07日	TWICE 首部電影《TWICELAND》在韓國五十家 CGV ScreenX 電影院獨家上映，以三面螢幕打造出立體的臨場感，紀錄了 TWICE 第二次世界巡迴演唱會《TWICELAND ZONE 2:Fantasy Park》的公演實況，以及在海外巡演時的珍貴幕後花絮。
12月10日	第二十屆《Mnet 亞洲音樂大獎（Mnet Asian Music Awards）》，TWICE 獲得「TOP 10 獎」、「最受歡迎舞蹈女藝人獎」、「最佳女子團體獎」、「最佳女子團體舞蹈獎」，並且以「What is Love？」拿下「年度歌曲大獎」。TWICE 成為第一組連三年拿下 MAMA「年度歌曲大獎」的偶像歌手，第二組連兩年拿下「最佳女子團體舞蹈獎」的歌手，與前輩 2NE1 並列為 MAMA 頒獎典禮史上贏得最多獎項的女子團體。
12月12日	TWICE 發行第三張韓文特別專輯《The year of YES》，同時公開專輯收錄曲音源及主打歌「The Best Thing I Ever Did」的音樂錄影帶。

日期	事件
12月14日	「YES or YES」公開發表39天後，成為 TWICE 第10首破億的歌曲。
12月26日	發行首張日文正規專輯的改版專輯《BDZ -Repackage-》。
12月31日	再度登上第69回 NHK《紅白歌合戰》。

2019年 日本巨蛋巡演，發行第二張精選專輯

日期	事件
01月05日	第三十三屆《金唱片獎（Golden Disk Awards）》，TWICE 以專輯《What is Love？》獲得「唱片部門－本賞」，更以歌曲「Heart Shaker」獲得「音源部門——本賞」。
01月15日	第二十八屆《首爾歌謠大賞（Seoul Music Awards）》，TWICE 獲得「本賞」。
02月07日	〈Signal〉音樂錄影帶歷經 633 天，點閱數次數破兩億，成為 TWICE 第八支破兩億的MV。
02月08日	公開日文版的《What is Love？》官方MV，當日在日本 Line Music Top100 登上冠軍。

日期	事件
02月15日	公開 TWICE 在日本出道每個成員的吉祥物。
02月26日	日本《金唱片大賞》，TWICE第一張日文正規專輯《BDZ》獲得亞洲部門的「三大最佳專輯」獎項，歌曲《Candy Pop》則摘下「年度下載歌曲」。
03月06日	TWICE 發行第二張精選專輯《#TWICE2》，首日銷量超過9萬張，拿下日本公信榜（ORICON）單日專輯排行榜冠軍。之後更以熱銷 285,287 張的成績獲得日本白金唱片認證，創下「連續六作獲得白金唱片認證」的佳績。
03月08日	TWICE 第九度登上日本電視音樂節目《MUSIC STATION》表演
03月20日起	在日本大阪、東京、名古屋巨蛋舉行巡迴演唱會《#Dreamday》，成為第一個舉辦巨蛋巡演的 Kpop 女團。
04月22日	推出第7張迷你專輯《FANCY YOU》及主打歌《FANCY》音源後，立刻橫掃六大音源網站實時榜冠軍，達成出道以來從未間斷的暢銷紀錄。

第 18 章

ONCE 專屬的期末考卷

—

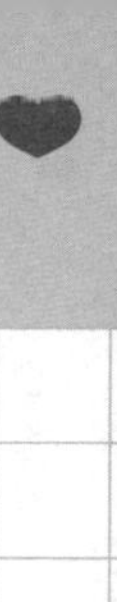

看完了一整本的《我愛 TWICE》，不管你本來是不是 ONCE 的一份子，現在已經完完全全、不折不扣地是位專業的 ONCE 了吧？對 TWICE 九位成員的了解和認識，是不是更加深刻了呢？若你還不確定自己是否是位合格的 ONCE，不妨透過以下的 ONCE 專屬試題，測驗一下自己是否通過考驗哦！

Part 1 是非題

1（　）TWICE 屬於 JYP 娛樂的歌手，師兄師姊有 2PM、miss A 等偶像團體，身兼製作人的社長為 J.Y. Park。

2（　）TWICE 的九位成員之中，有四位非韓國籍。

3（　）TWICE 的忙內周子瑜來自臺灣高雄。

4（　）志效為 TWICE 的隊長，她也是團中年紀最大的成員。

5（　）TWICE 是由 tvN 電視台與 JYP 娛樂共同合作的生存實境節目《SIXTEEN》中脫穎而出。

6（　）原本生存實境節目《SIXTEEN》中選出 TWICE 的成員只有七位，後來臨時追加了 SANA 和子瑜。

7（　）TWICE 成員中只有 SANA 是獨生女，其他人在家裡都有兄弟姊妹。

8（　）TWICE 不曾擔任銀行的代言人。

9（　）TWICE 曾經擔任濟州航空代言人。

10（　）擁有「草莓公主」外號的成員為彩瑛。

Part 2 選擇題

1（　）志效、娜璉、定延、MOMO、MINA 五位成員的年紀，由大至小依序為？

Ⓐ娜璉、定延、MOMO、志效、MINA Ⓑ娜璉、定延、MOMO、MINA、志效 Ⓒ志效、娜璉、定延、MOMO、MINA Ⓓ娜璉、志效、定延、MOMO、MINA

2（　）擁有雙重國籍的 MINA，擁有哪兩國的國籍？

Ⓐ日本、韓國 Ⓑ日本、美國 Ⓒ日本、英國 Ⓓ日本、義大利

3（　）擁有「豆腐寶」外號的多賢，曾經跳過什麼舞，因而被稱為是JYP娛樂中，繼趙權、MIN之後的新一代瘋癲舞蹈代表人物？

Ⓐ兔子舞 Ⓑ瘋癲舞 Ⓒ老鷹舞 Ⓓ老虎舞

4（　）日本籍成員MOMO來自日本哪個城市？

Ⓐ博多 Ⓑ東京 Ⓒ大阪 Ⓓ京都

5（　）2017年時，美國電影網站「TC Candler」公布的「全球百大美女排行榜」中，TWICE成員中有哪兩位成員入榜？

Ⓐ志效、多賢 ⒷMINA、子瑜 Ⓒ子瑜、SANA ⒹMOMO、SANA

6（　）2018年10月，TWICE成員定延的演員姊姊孔昇延參與了微電影《My Dream Class》的演出，姊妹兩人合唱電影主題曲，曲名為何？

Ⓐ「Like A Star」 Ⓑ「Like a Baby」 Ⓒ「Like a Hope」 Ⓓ「Like a Dream」

7（　）以下哪個品牌不曾找過TWICE代言？

ⒶSamsung ⒷLG ⒸSPRIS Ⓓ3KOOLOOKS

8（　）在TWICE出道滿一週年時，哪位成員在娜璉的臉頰留了口紅印呢？

Ⓐ子瑜　ⒷSANA　Ⓒ多賢　Ⓓ志效

9（　）2015年10月20日在韓國正式出道的TWICE，於何時在日本正式出道？

Ⓐ2015年10月20日　Ⓑ2017年6月28日　Ⓒ2016年6月20日

Ⓓ2017年10月20日

10（　）出道第二年才舉辦官方粉絲見面會的TWICE，在2017年10月14日、15日連續兩天，於出道滿兩週年的前夕，在哪裡舉行了出道以來的首次見面會《ONCE BEGINS》？

Ⓐ高麗大學體育館　Ⓑ奧林匹克運動公園體操競技場　Ⓒ永登浦時代廣場

Ⓓ慶熙大學和平殿堂

【解答】

Part 1 是非題

O O X X X X O X X O

Part 2 選擇題

A B C D C A A A B D

【你是個合格的ONCE嗎？】

全對者

恭喜你得到滿分，毫無疑問是個頂級的ONCE！

答錯1至2題者

矮額~還不錯嘛~你可能只是看題目有點粗心大意而已，你絕對是個不錯的ONCE！

答錯3至5題者

雖然還不算專業的ONCE，但勉強還算你是個ONCE，請再仔細研讀本書至少兩次，記得劃重點、做筆記哦！

答錯6至10題者

你雖然很喜歡TWICE，但是你對她們的細節了解得還不夠詳細，再多加把勁哦！

答錯超過10題者

你應該是個哈韓粉絲而已，一次飯很多團體吧？但是你一定也蠻喜愛TWICE才會購買及閱讀本書，真的非常謝謝你的支持，建議你可以成為大風出版這系列的固定讀者，就當大風出版的粉絲吧！

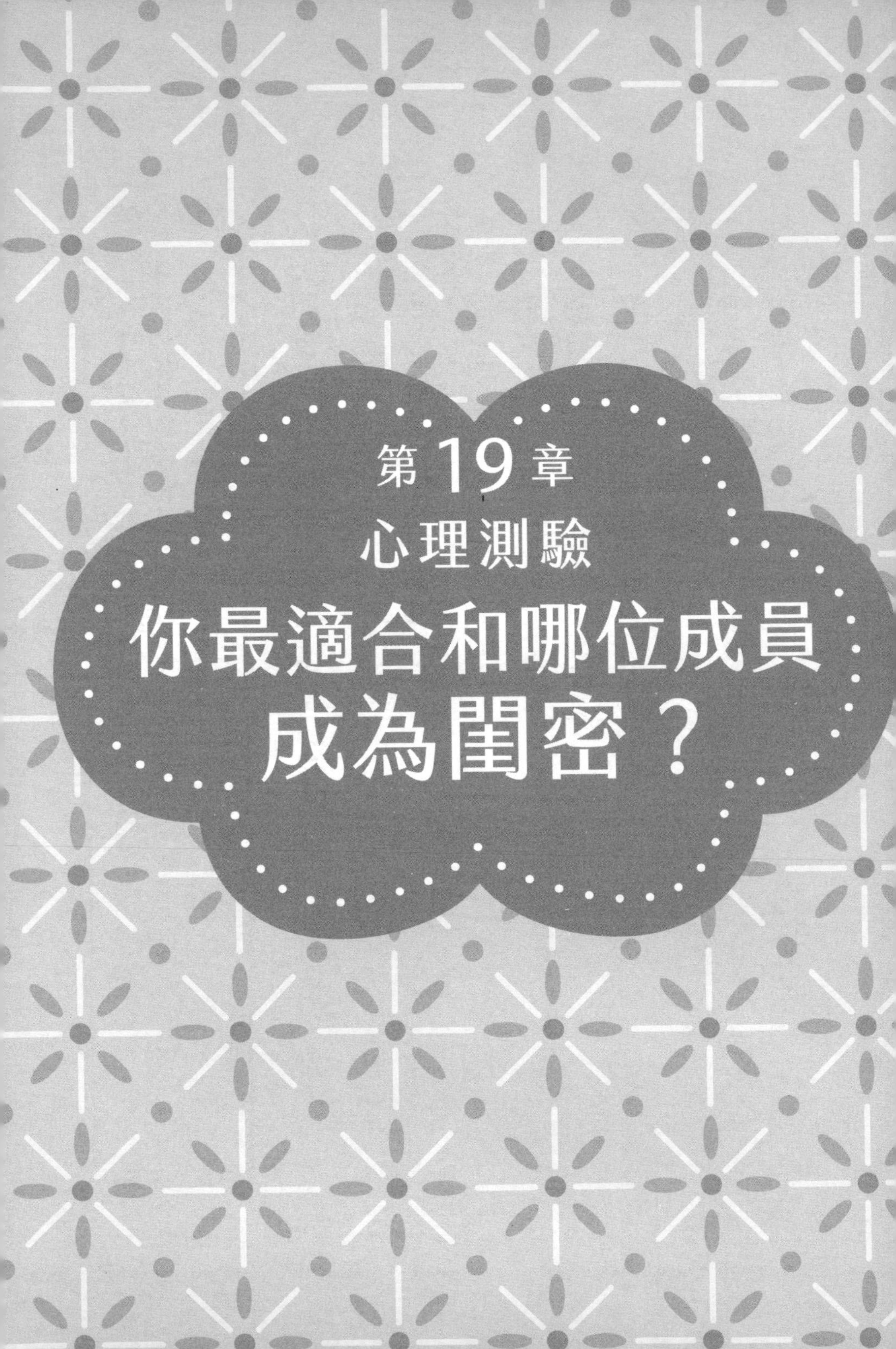

第19章

心理測驗

你最適合和哪位成員成為閨密？

喜歡 TWICE 的 ONCE 們，你想過哪一位成員的性格，最有可能和你成為超級麻吉呢？不妨透過以下的心理測驗，測試一下自己的個性與哪位成員最合得來？

在情人節當天，你會選擇哪一類物品送給另一半呢？

Ⓐ 新鮮的紅色玫瑰花

Ⓑ 可以永久保存的乾燥花

Ⓒ 去商店親自挑選的精美巧克力

Ⓓ 花了一下午自己動手做的巧克力

Ⓔ 請對方吃一頓大餐，一起享受美食

Ⓕ 親自帶另一半去挑選禮物

Ⓖ 玩偶或玩具類禮物

Ⓗ 數位科技用品（例如：手機、電腦、平板電腦、智慧型手錶……等。）

Ⓘ 親手寫張卡片

答案分析：

選A新鮮的紅色玫瑰花的人：

你最適合和TWICE的隊長志效成為好朋友，總是像媽媽一樣溫暖、細心照顧成員的志效，是個非常真摯對待成員和朋友的女孩，所以在選擇禮物時，她也會挑新鮮的玫瑰花這麼自然的禮物送給別人哦！

選B可以永久保存的乾燥花的人：

擁有美術、設計天分的彩瑛，在送禮物時，一定會想揮發所長，把自己的專長展現在禮物上，或許動手做漂亮的乾燥花就是一個不錯的點子，這不僅是她的心意展現方式，也是她表現自我專長的一種方式。若你也和彩瑛一樣志同道合，你們絕對會成為好朋友哦！

選C去商店親自挑選精美巧克力的人：

總是笑口常開的娜璉，不只是收到禮物時會非常雀躍，連購買禮物送

給別人時，也總是會以幸福滿滿的心情去挑選，雖然送的禮物並不是非常特別，但她絕對會非常用心地花時間挑選。

選D花一下午自己動手做巧克力的人：

嬌滴滴的日本成員SANA，最像是會親手做巧克力給另一半的成員啦！浪漫又夢幻的她做的肯定是心型巧克力，而且愛心上還會用彩色糖漿寫字給對方表達愛意吧？如果能收到她親手做的巧克力，絕對是上輩子修來的福氣。如果你也喜歡動手做情人節禮物，那麼SANA會是可以和你一起討論的麻吉哦！

選E請對方吃一頓大餐，一起享受美食的人：

這個答案很明顯啊～絕對就是MOMO！若你在情人節當天不打算送禮物給對方，滿腦子只有吃和大餐，那麼愛吃鬼MOMO絕對跟你相當麻吉，因為她的專長就是吃，而且知道很多美食餐廳，如果你吃不完她還能幫你吃完盤中的食物，因為她有個「食物清掃機器」的外號哦！

選F親自帶另一半去挑選禮物的人：

定延時常給人男孩子氣的印象，私下喜愛的服裝也跟她的個性非常接近，衣櫃裡幾乎都是黑色的衣服，這麼帥氣的她，送禮物給另一半時，會很man地直接帶對方去挑選，雖然少了份浪漫卻很實際，而且還絕對不會送錯禮物，非常實在的作法呢！如果你跟她一樣，覺得少點浪漫沒有關係，收到實用禮物比較重要的話，那會與你成為好友的絕對是定延囉！

選G玩偶或玩具類禮物的人：

時常遭受姊姊成員們「親親攻擊」的多賢，有時候根本是被姊姊成員們當做玩偶在調戲吧？如果你喜歡送另一半玩偶或玩具類的禮物，那麼多賢絕對是你最想成為好朋友的成員，因為她就像是玩偶或玩具一樣可愛地讓你想把玩啊（大笑）。

選H數位科技用品的人：

氣質非凡看起來很冷靜沉穩的MINA，感覺就不是華而不實的性格，因此送的禮物會以實用性為主，她會非常細心地觀察對方缺少什麼，看看對方是不是該換手機或電腦，再默默找時間去挑選一款最適合對方的機型送給對方。

選I親手寫張卡片的人：

子瑜平時雖然不多話，但其實骨子裡頭是個貼心鬼，而且心思非常細膩。日常生活中，她可能很少把感謝的甜言蜜語掛在嘴邊，但是到了特殊節日，她絕對會是個勇敢表達心意，把想說的話都在寫卡片裡的女孩。

★ TWICE 官方網站

韓國官方網站
http://twice.jype.com/

韓國官方 YouTube
https://www.youtube.com/c/TWICEonAir

韓國官方 Instagram
https://www.instagram.com/TWICETAGRAM

韓國官方 Facebook
http://www.facebook.com/JYPETWICE

韓國官方 Twitter
https://twitter.com/JYPETWICE

國家圖書館出版品預行編目 (CIP) 資料

我愛 TWICE/ Miss Banana 著 .– 初版 .– 新北市：大風文創 ,2019.05
面；公分
ISBN 978-986-97376-7-8（平裝）
1. 歌星 2. 流行音樂 3. 韓國

913.6032　　108000252

愛偶像 14

我愛 TWICE

帶來雙倍感動的大勢女團

作者／ Miss Banana
主編／林巧玲
插畫／野
封面設計／ hitomi
排版／亞樂設計有限公司
發行人／張英利
出版者／大風文創股份有限公司
電話／ (02)2218-0701　傳真／ (02)2218-0704
網址／ http://windwind.com.tw
E-mail ／ rphsale@gmail.com
Faccbook ／ www.facebook.com/windwindinternational
地址／台灣新北市 231 新北市新店區中正路 499 號 4 樓

初版三刷／ 2023 年 05 月
定價／新台幣 280 元

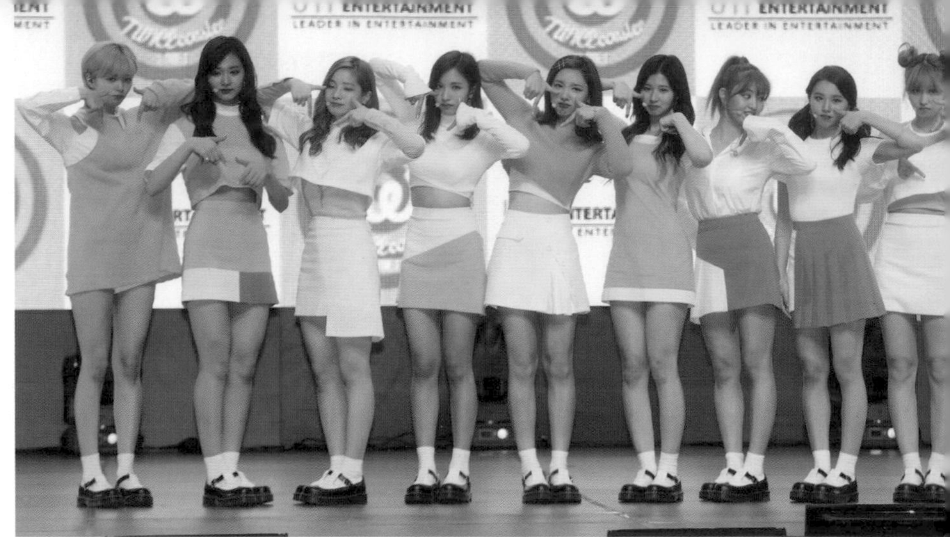

2016 年 10 月，發行第三張迷你專輯《TWICECoaster:LANE1》，主打歌〈TT〉舞蹈掀起模仿風潮。

2016 年 9 月，TWICE 在仁川 K-POP 演唱會上大秀青春活力。

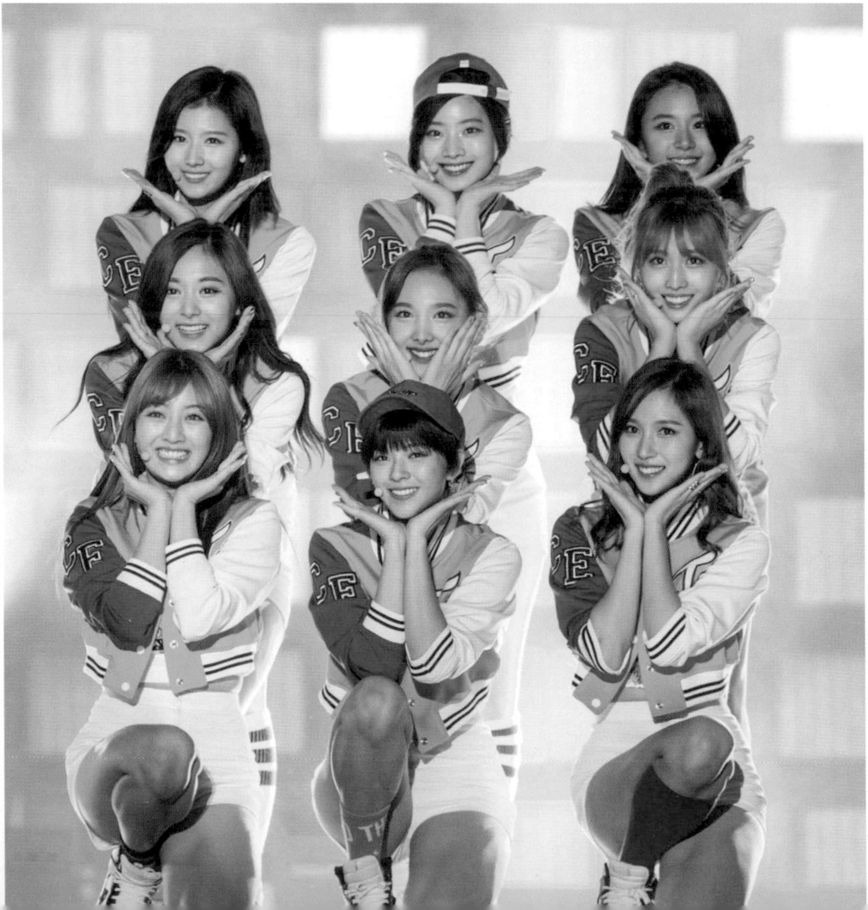

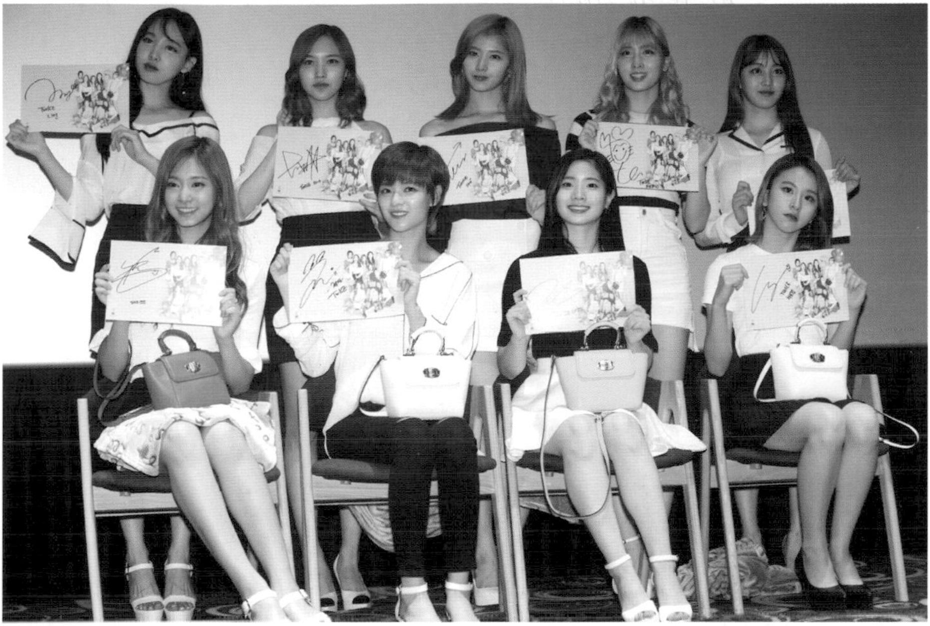

2015 年 10 月 20 日，以首張迷你專輯《THE STORY BEGINS》正式出道。

2018 年 8 月，在首爾電影院 Avenuel 舉辦粉絲見面會與簽名會。

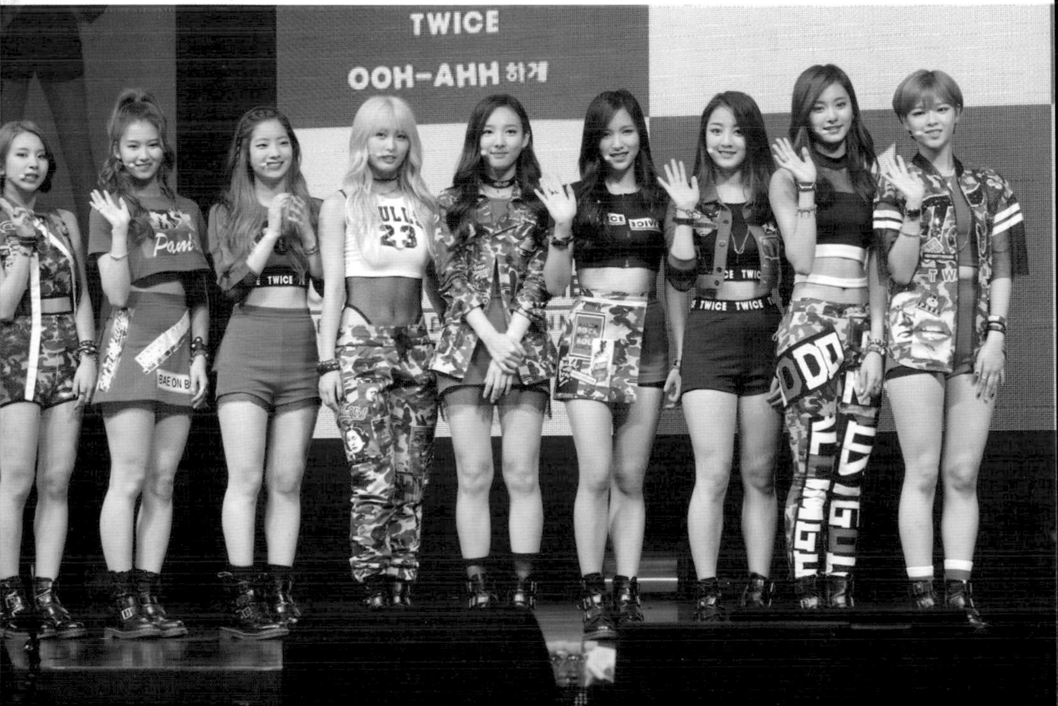

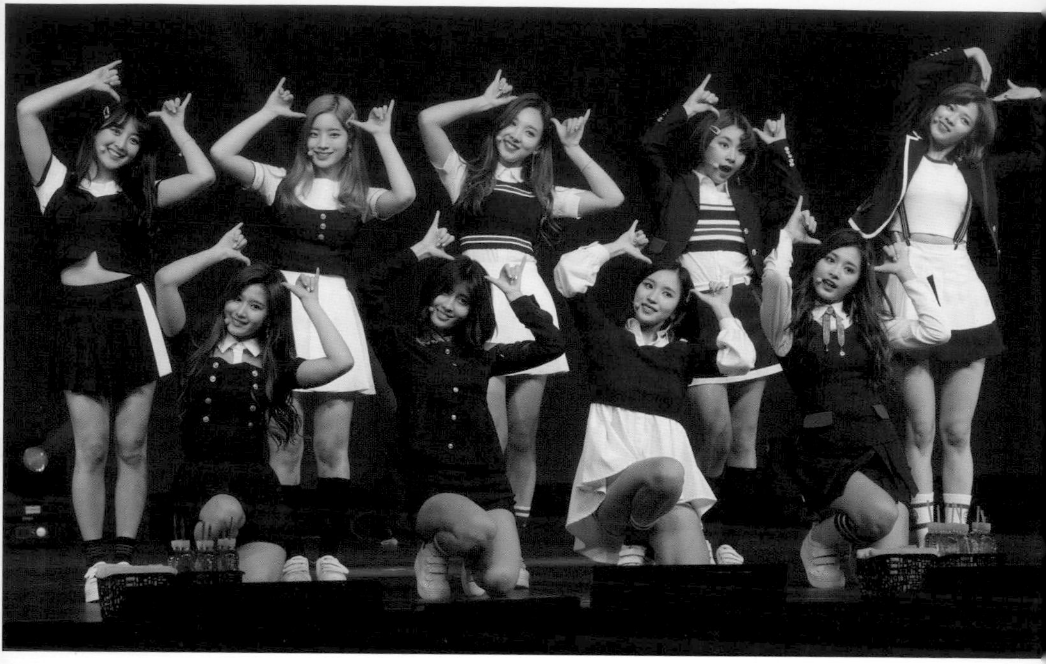

2017 年 5 月，TWICE 為第四張迷你專輯《SIGNAL》展開宣傳活動，同名主打歌〈SIGNAL〉突破以往風格，帶來新意。

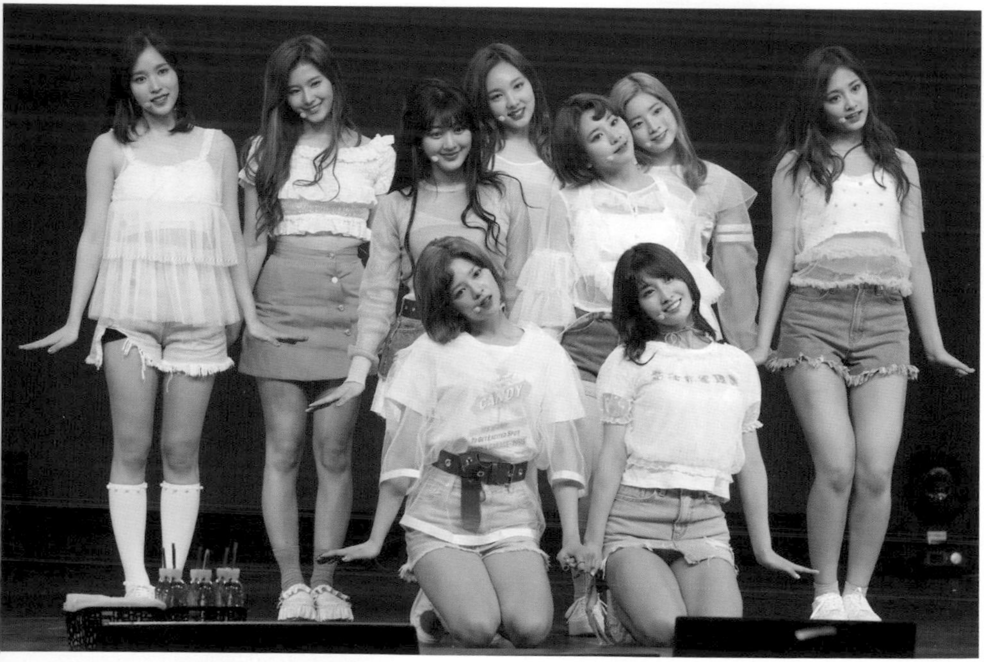

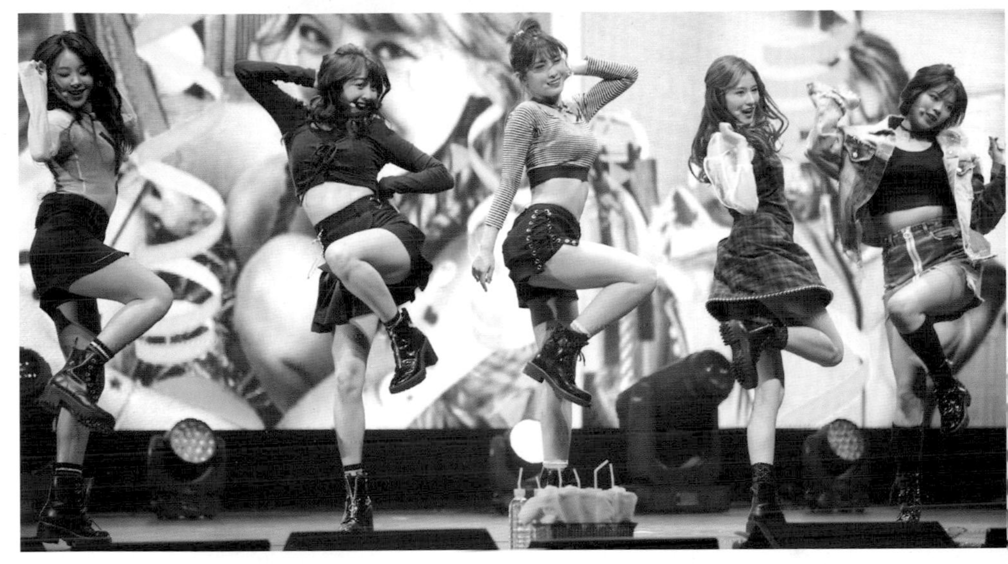

2017 年 10 月，發行首張正規韓語專輯《Twicetagram》。主打歌〈LIKEY〉曲風輕快，讓人想一聽再聽。

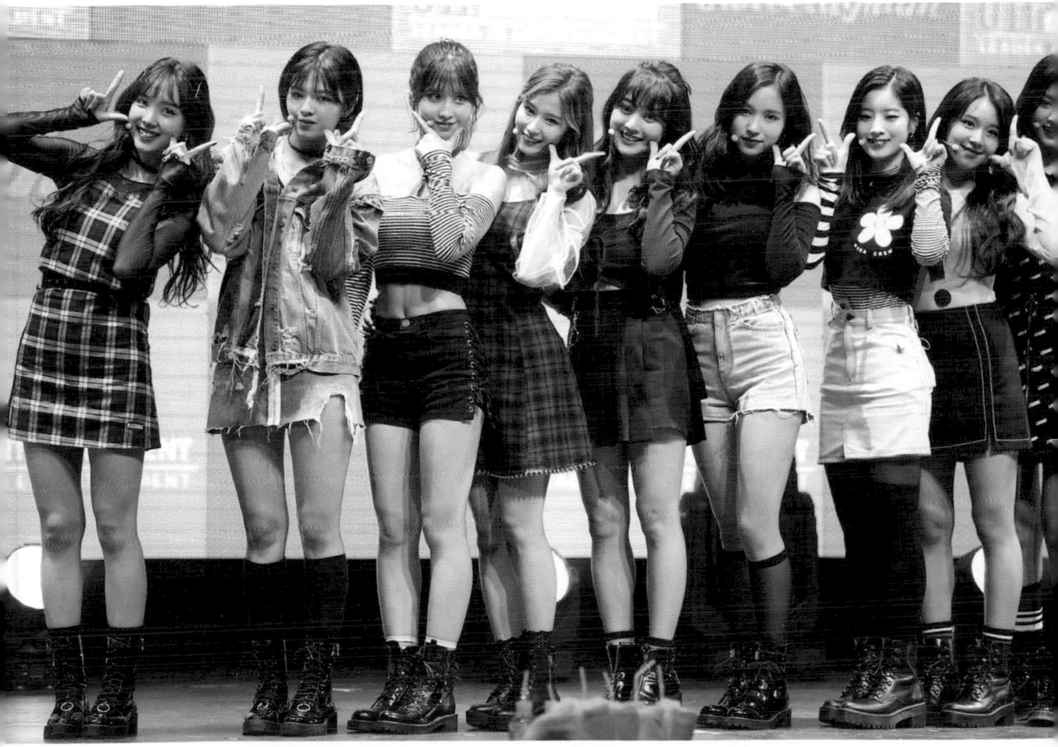

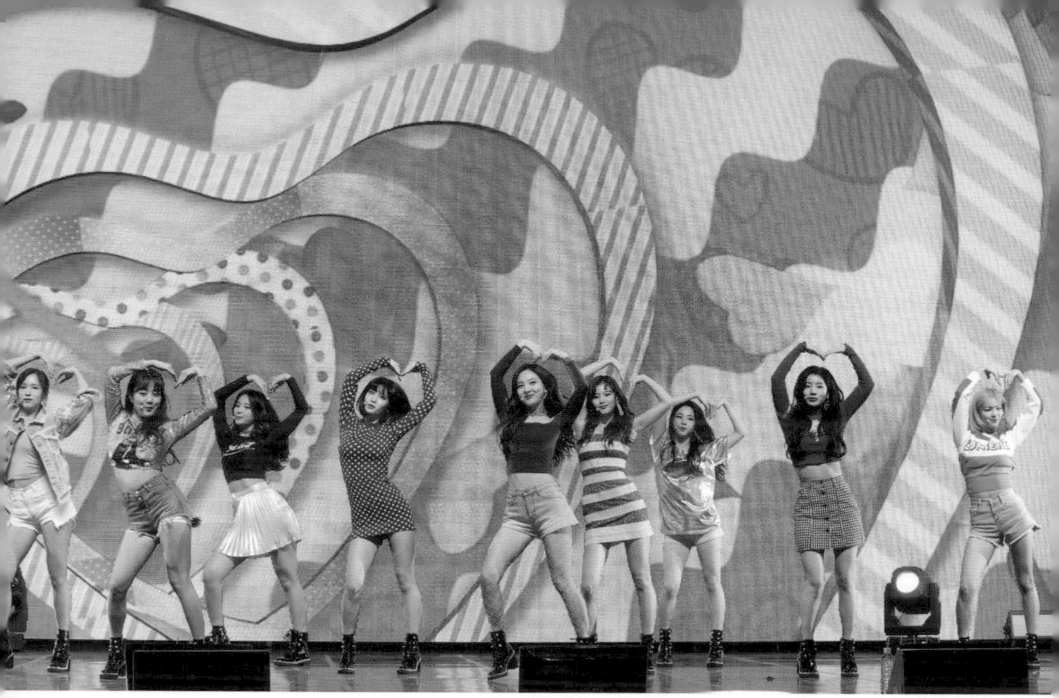

2018 年 4 月，TWICE 趁勝追擊，推出第五張迷你專輯《What is Love?》，在首爾廣津區舉行媒體 ShowCase。

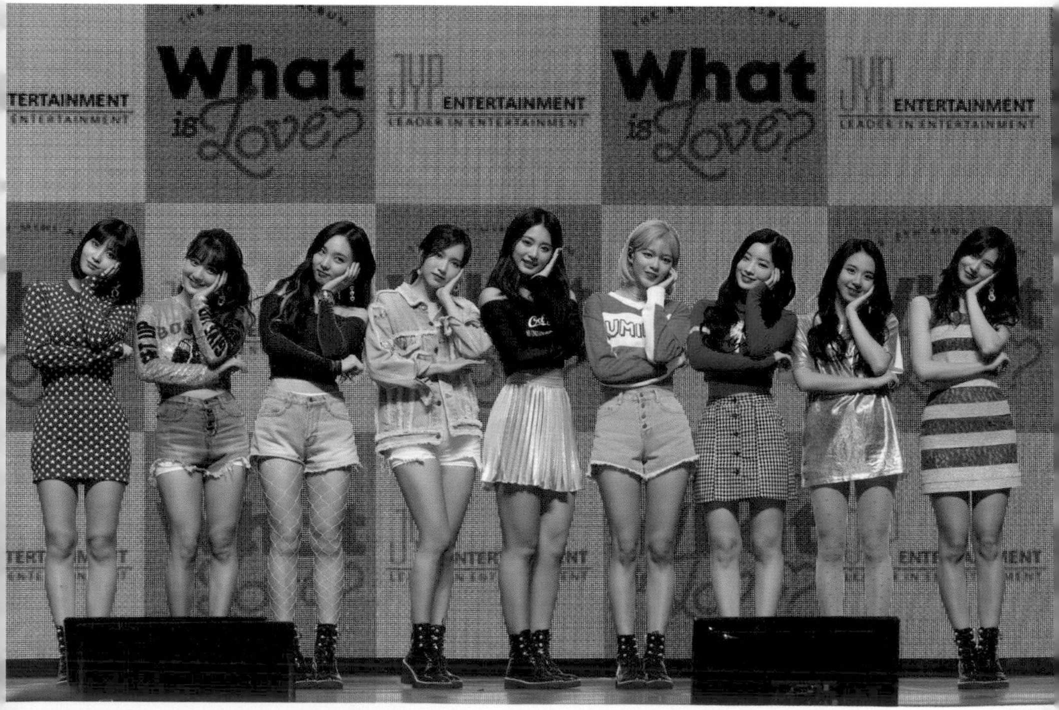

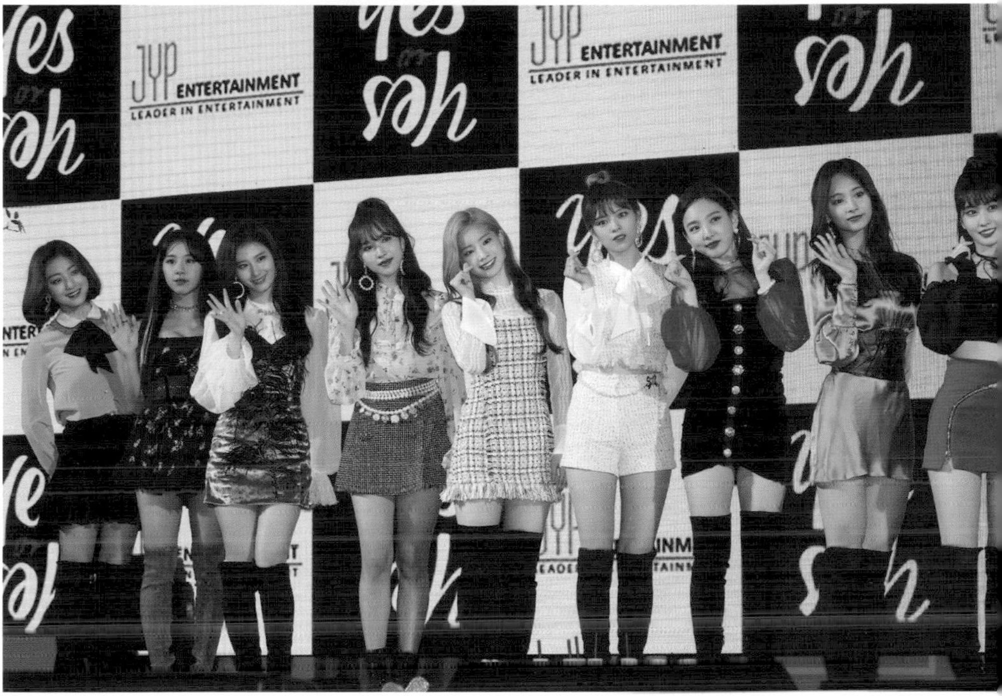

2018 年 11 月，推出第六張迷你專輯《Yes or Yes》，同名主打歌〈YES or YES〉MV 公開於 24 小時內大破千萬點擊次數，打破自身最佳記錄。

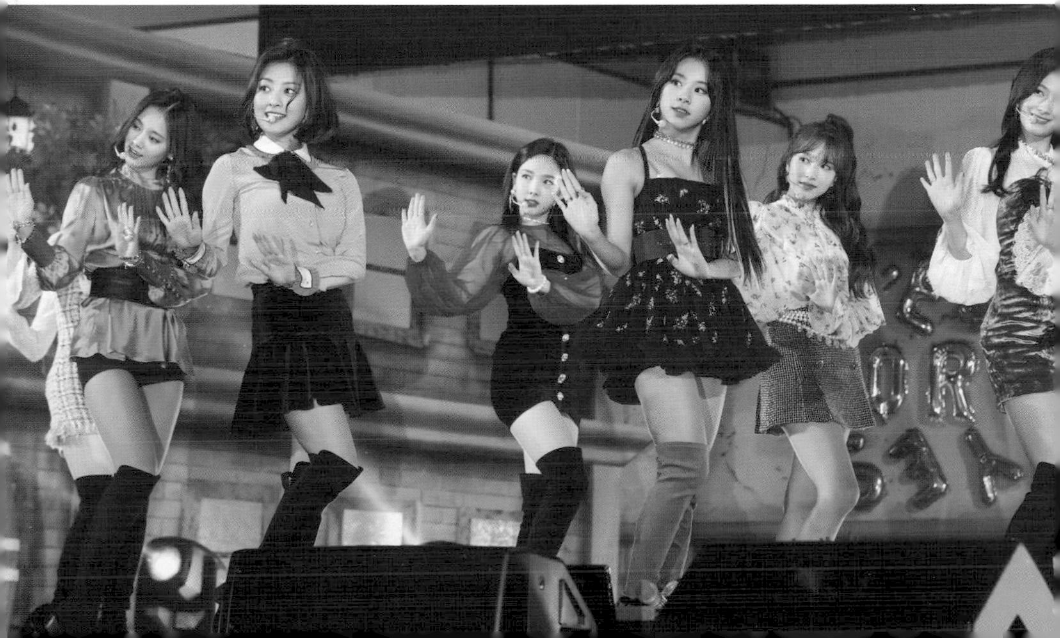

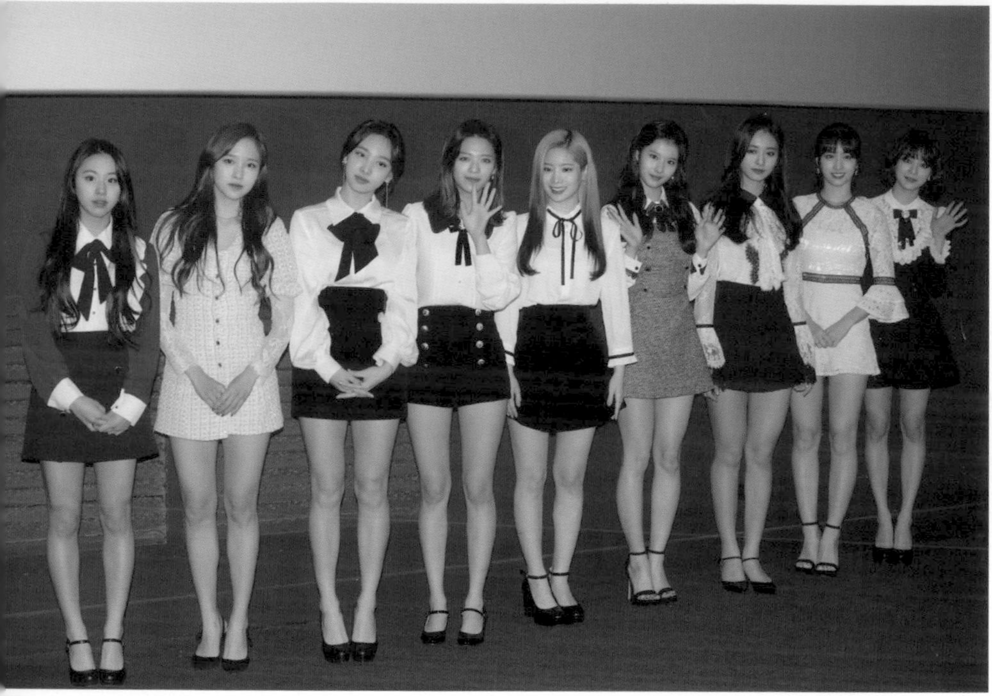

2018 年 12 月，TWICE 晉身電影咖，出席首部電影《TWICELAND》試映。

2018 年 5 月舉行第二次世界巡迴演唱會。

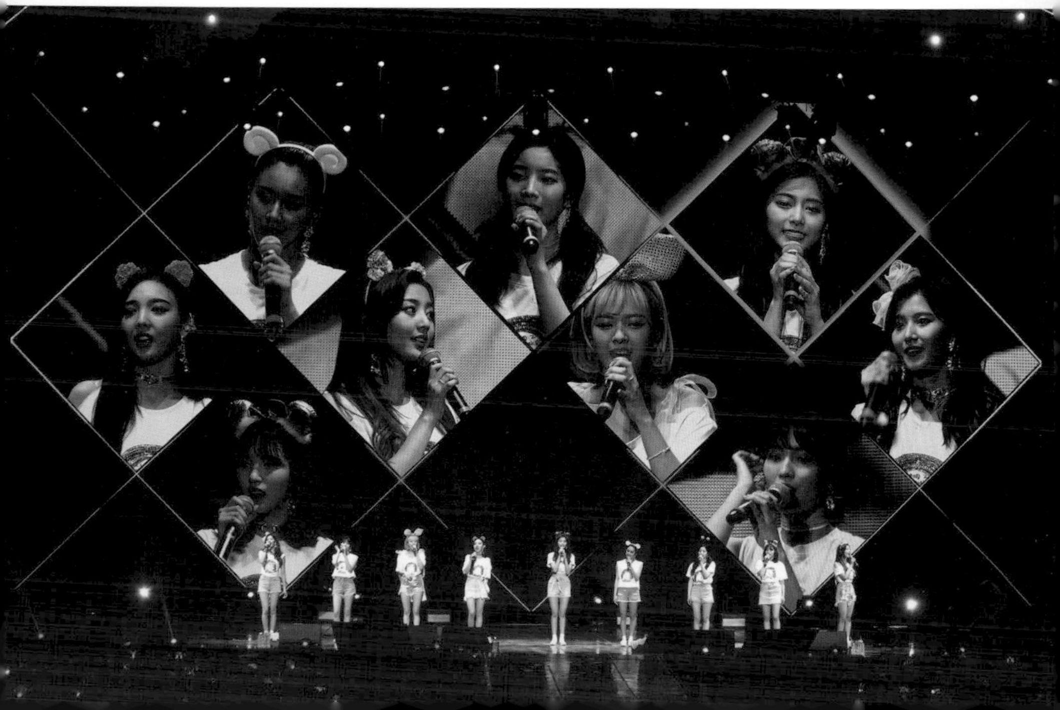

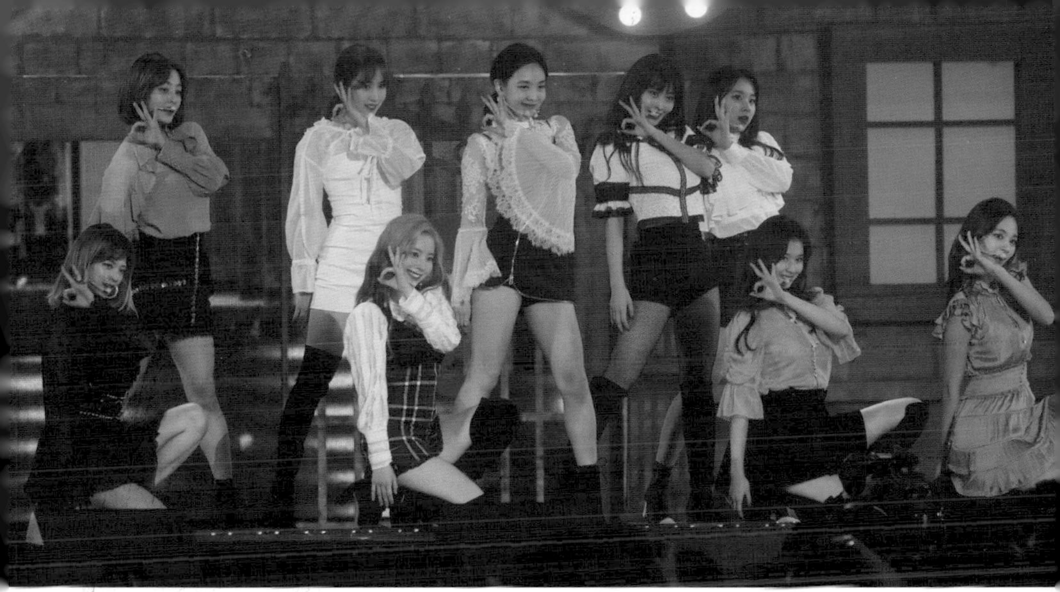

參加 2018 MGA 頒獎典禮，帶來輕快動感的表演，炒熱現場氣氛。

[illegible]出席第 3 屆亞洲明星盛典。

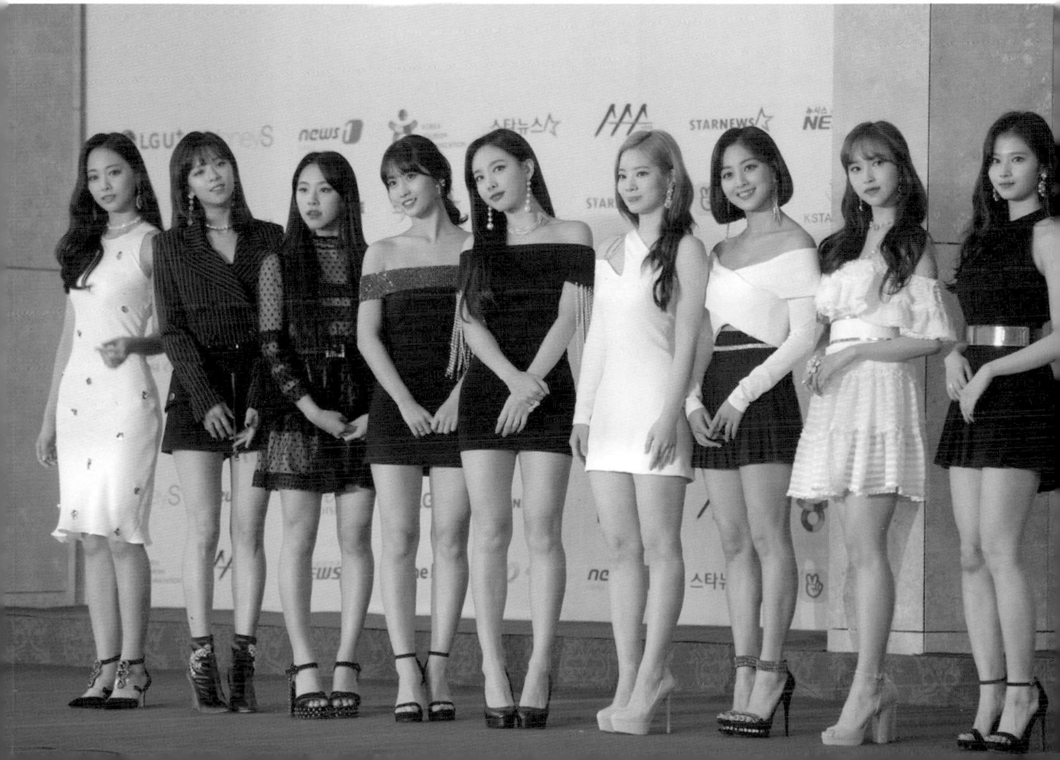